歴史文化ライブラリー
137

百姓一揆とその作法

保坂　智

吉川弘文館

原則として、初版で掲載した口絵は割愛しております。

目次

百姓一揆の作法論

一揆の終焉と百姓一揆

2 一揆の終焉

島原・天草一揆

一六三八年（寛永一五）元日、幕府の上使板倉重昌《いたくらしげまさ》は、諸藩の軍隊に対して原城《はらじょう》に立て籠もる一揆への総攻撃を命じた。しかし、この攻撃はあまりにも無謀であった。戦意盛んな一揆勢は、押し寄せる幕府の大軍に対してただちに反撃にでた。幕府の正史である『徳川実紀《じっき》（大猷院殿御実紀《だいゆういんでんごじっき》）』は、戦闘のありさまを次のように記録している。

> 明れば元日のまだしのゝめに、有馬兵部大輔忠頼《ありまひょうぶのたいふただより》を先陣とし、三の丸の堀際《ほりきわ》まで押つめたり。しかるにはやくも城内にはこの日の城責《しろぜめ》もれ聞れて、弓、鉄炮《てっぽう》（砲）、大木、大石を用意し、寄るを遅しと待かけし事なれば少しもためらはず、木石を投下し

弓炮をそろへ打出しけるにぞ、寄手《よせて》案に相違して、見るが内に千余人打ころされて有馬勢は引退く。城兵このとき木戸を開き散々に追ちらし、再び城に入て要害をとりかたむ。時刻うつりて寄手一同せめよすれば、待まうけたる城兵なじかはためらふべき、切先をそろへて切ていづれば、寄手討るゝ者数しらず。人なだれをなして敗北す。

この状況にいらだった板倉は、大将自ら突撃したのであるが、一揆の大石に兜《かぶと》をくだかれ、鉄砲に当たって戦死した。『実紀』は、この戦いでの幕府側の死傷者は約四〇〇〇人、一揆側の死傷者は九十余人としている。島原・天草一揆の輝かしい勝利の一幕であった。

島原・天草一揆は、前年の三七年（寛永一四）一〇月に発生した。立ち返りキリシタンによるこの一揆は、幕府・諸藩の思惑を越えて急激に発展した。島原城が包囲され、天草では富岡城代の三宅藤兵衛が戦死するなどという状況に直面した幕府は、第二の上使として、老中松平信綱《まつだいらのぶつな》を派遣したのである。元日の総攻撃は、板倉が信綱の着任以前に、決着させようとしてあせった結果であった。総攻撃後に着任した信綱は、一二万の大軍で一揆を兵糧《ひょうろう》責《ぜ》めにした。二月二七日、長期の籠城《ろうじょう》によって兵糧・弾薬ともにつきた原城に、総攻撃が加えられ、翌二八日には落城した。この戦いで幕府軍の死傷者は八〇〇〇人余に上ったという。一揆が最後まで戦闘を展開した証拠である。一方、一揆側は二万人ほどが

惨殺された。『実紀』には、

三月朔日《ついたち》には一揆の城跡ことぐく焼払て、時貞《ときさだ》はじめ一揆の首は、のこりなく其地に梟首《きょうしゅ》し、邪教を改めしものは罪をゆるし、猶も宗門を改め兼る者は、児女子といへども皆首切て衆に示し

とある。女性や子供も容赦なく殺す虐殺が行われたのである。

島原の乱こそ一揆

私は、一般的に使用されている島原の乱という表現をせず、島原・天草一揆と使ってきた。たしかに島原・天草一揆は、普通イメージされる百姓一揆像からはほど遠い。幕府の大軍と戦闘を展開したほどであるから、「乱」と表現することがふさわしいように思われがちである。しかし当時の社会認識からいえば、島原の「乱」こそが一揆なのである。

まず『徳川実紀』を見てみよう。一揆の発生が江戸に伝えられたのは、一六三七年一一月九日のことであるが、

松倉長門守勝家所領肥前国島原にて、天主教を奉ずるもの一揆をくはだて、松倉が城下の市井《しせい》を放火し、有馬といへる所に楯籠《たてこも》りたる旨

と報ぜられているのである。そして、落城時に「時貞はじめの一揆の首は」と記されてい

ることは先に見た。最初から最後まで一揆という言葉でこの事件を把握しているのである。

では、実際に一揆勢と戦闘を展開した人々は、自分の敵をどのように認識していたのであろうか。『寺沢藩士による天草一揆書上《かきあげ》』という史料集は、一六六名の寺沢（天草）藩士が、一揆とどのように戦ったかを上申したものであり、一揆から二年後に書かれた貴重な記録である。ここで問題としたいのは、一揆と戦った藩士たちが相手をどのようによんでいるかである。このなかで相手を表現する言葉は三つしかない。すなわち、敵・一揆・キリシタンである。一般的な表現である敵を除くと、一揆とキリシタンということになる。もっとも、キリシタンという表現は五例しか存在せず、「丑十月廿七日ニ本戸村・食場村きりしたん立帰《たちかえり》申《もうし》候《そうろう》由《よし》、（中略）きりしたん三人打果シ」のように、この一揆がはじまった一〇月段階のみに使用されている。以上のことから、寺沢藩士は一揆を敵として戦闘を行ったという意識を持っていたと結論づけることが可能であろう。

一揆は武装蜂起

島原・天草一揆は、その発生当時一揆として認識されていた。では、後の時代になるとどうなのであろうか。一七四九年（寛延二）、陸奥国信夫《しのぶ》・伊達《だて》郡の幕領で大規模な百姓一揆が発生した。この百姓一揆を記録した「伊信騒動記」には、寛延の一揆と「島原の乱」を比較した次の一文が存在する。

此度《このたび》の騒動、寛永、慶安の頃、天草四郎や由井正雪等の類一揆にハあらで嗷訴《ごうそ》（強訴）のことに候得《そうらえ》ば、手道具を不持《もたざる》ハ勿論のこと

この史料で強調されていることは、天草四郎の事例すなわち島原の乱は一揆であること、信達《しんだつ》一揆は一揆ではなく強訴である、ということである。そして、一揆と強訴を区別するのは、手道具《てどうぐ》（武器）の所持に求められているのである。

一七世紀から一八世紀初期にかけて発生した百姓一揆を説明する史料のなかには、百姓一揆を「一揆」として記述している事例も少ないながら存在する。たとえば、一六七七年（延宝五）美濃国郡上藩《ぐじょうはん》一揆を「一騎（一揆）同前」と表現している史料がある（長滝家文書）。この史料は、隣の大垣藩領に伝えられたものであった。実は大垣藩領には、「百姓不レ残鑓《のこらずやり》、鉄炮ニて八幡へ罷出《まかりいで》」という誤った情報が伝わっていた。鎗や鉄砲を持ち出して百姓が集結するという状況は、まさに「一騎（一揆）同前」なのである。

一七二六年（享保一一）、美作国《みまさか》津山藩領で起こった山中《さんちゅう》一揆と通称される百姓一揆は、非常に大規模であり、史料も多く残されている。それらのなかで、山中一揆を「一揆」と表現する史料は、京都の商人本島知辰《もとじまちしん》の記録である「月堂見聞集《げつどうけんもんしゅう》」だけである。なぜ本島はこの闘争を一揆と表現したのであろうか。それは京都へ伝わった情報が、「山中百姓

一揆の方へ向ふ。同十三日、両方相戦ふ」というものであったからである。ここでも山中一揆の情報が、百姓の武装蜂起が起こったと伝えられたゆえに、一揆という文言が使用されたのである。

以上の事例から、近世社会には、百姓らが武器を持ち権力と戦闘を展開するのが一揆である、という認識が存在したと考えてよいであろう。だとすれば、まさに島原の乱は、島原と天草地方に起こった一揆、すなわち島原・天草一揆なのである。

信長と一揆

民衆の武装蜂起である一揆と、天下統一を押し進める公儀《こうぎ》権力（織田信長・豊臣秀吉・徳川家康）との激しい戦闘と、その後につづく虐殺は、中世後期から近世初頭にかけての歴史の重要な現象であった。足利義昭を奉じて入洛した織田信長は、義昭を追放して天下人への道を歩んでいた。一揆はこの信長の前に立ちはだかったのである。一五七〇年（元亀元）、石山本願寺（現在の大阪市）を本拠とする一向宗《いっこうしゅう》勢力は、全国の一向宗門徒《もんと》を動員し「法敵信長」を打倒するために各地で蜂起した。近江・伊勢長島・越前・紀伊雑賀《さいが》などの一揆と信長軍は交戦した。一揆の力は侮りがたく、伊勢長島の一揆は、信長の弟信興を攻め自害に追い込んでいる。一五七六年（天正四）には、石山合戦とよばれる一揆の総本山石山本願寺との戦闘も開始され、一五八〇年（天正八）に正親町《おおぎまち》天皇の勅により和睦《わぼく》するまでつづいた。法主顕如《ほっすけんにょ》は石山から去り、畿内の一揆を平定した信長軍は、加賀へ攻め込み、これを鎮定した。時に一五八二年（天正一〇）である。応仁の乱後一世紀、「百姓の持ちたる国」と称された加賀の一向一揆は、ここに終焉を迎えたが、同時にこの年は本能寺の変で信長が自害に追い込まれる年でもあった。

信長の一揆に対する対応は非常に苛酷《かこく》なものであった。福井県武生《たけふ》市にある文字瓦《もじがわら》は、それを如実に物語っている。

此書物後世に御らんしら□御物かたり有るべく候、然れば五月廿四日いき（一揆）おこり候まゝ、前田又左衛門尉殿（利家）、いき千人はかりいけとりさせられ候也、御せいはい（成敗）はっつけ（磔）、かま（釜）にいれられあふられ候哉、此のごとく候、一ふて書とゝめ候

敗北して捕らえられた一揆衆は、磔《はりつけ》や釜ゆでにして惨殺されたのである。瓦の裏面に刻まれたこの文章は、信長と対立して破れた一向一揆衆の怨みをこめた後世への遺言であった。信長が各地の一揆に対して苛酷な態度で臨み惨殺を繰り返したのは、一揆は信長の天下統一にとって重大な障害であると認識し、その存在そのものを許さないという意志の現れであった。

信長の跡を受けて天下統一を完成させた豊臣秀吉も、一揆とは無縁ではありえなかった。秀吉の力が各地に広がっていくと、そこに一揆が発生した。

秀吉と一揆

一五八七年（天正一五）九月に起こった肥後国衆《くにしゅう》一揆や、一五九〇年（天正一八）、奥州仕置《しおき》の最中に陸奥胆沢《いざわ》・気仙《けせん》・磐井《いわい》・玉造《たまつくり》郡の葛西・大崎一揆、同国和賀・稗貫《ひえぬき》郡一揆、出羽庄内一揆、同仙北《せんぼく》一揆などの一揆が発生するのである。

肥後国衆一揆は秀吉の「九州征伐」が終了してわずか半年後に起きている。この一揆は、肥後の領主となった佐々成政が、にわかに検地を実施するなどの苛政を展開したことに反対して起きた。国侍《くにざむらい》という在地領主を指導者とし、侍八百余人、百姓一万五千余人という大集団を構成した一揆は、鉄砲八〇〇挺余、弓五〇〇張余という飛び道具をも準備し、籠城《ろうじょう》作戦をとったため、佐々氏だけでは鎮圧することができず、黒田・森・龍造寺・立花・筑紫・鍋島などの九州諸大名の応援をえてやっと鎮圧した。

この一揆を発生させた原因に、佐々氏の失政があったことはいうまでもない。しかし、検地という秀吉政権の根本的政策が問われていたことに注意しなければならないであろう。それゆえに秀吉は、すでに一揆が鎮圧されていたにもかかわらず、翌九一年正月に二万余の大軍を九州に派遣した。そして、一揆加担者はもとより、一揆時に傍観していたものを含めて国侍一〇〇〇人を処刑したのである。それは肥後はもとより九州において一揆が再発する可能性を断つためであったといえる。もっともこのような強圧策にもかかわらず、秀吉が朝鮮侵略を開始すると、一五九二（文禄元）年六月梅北国兼《うめきたくにかね》を指導者とする一揆が発生し、肥後国加藤氏の支城佐敷《さしき》城を占拠する事件（梅北一揆）が発生しているように、一揆の芽を完全には摘むことはできなかった。

秀吉は、己の目的とする政策を実行できない領主に対しても強い態度で対応した。佐々成政は領地を没収され切腹に処された。一五九一年閏五月のことであった。そしてその翌月には著名な刀狩令《かたながりれい》が出されている。その一条は次のとおりである。

条々

一、諸国百姓、刀、脇指《わきざし》、弓、やり、てつほう、其外《そのほか》武具のたくひ所持候事、堅御《かたくご》停止候《ちょうじにそうろう》、其子細者《は》、不レ入《いらざる》道具をあひたくはへ、年貢所当を令《せしめ》二難渋一、自然一揆を企《くわだて》、給人《きゅうじん》にたいし非儀の動《はたらき》をなすやから、勿論可レ有《もちろんあるべき》二御成敗一、然者《しかれば》其所之田畠令二不作一、知行ついえになり候之間、其国主、給人、代官として、右武具悉《ことごとく》取あつめ、可レ致二進上一事、

この法令の意味するところは明らかであろう。一揆を防止するために、農村の武器を取

り上げることであった。

信長が目指した一揆体制の根絶を、秀吉も受け継いだのであり、それとの格闘のなかで刀狩り＝兵農分離《へいのうぶんり》という新体制を作り出していくのである。異なっているのは、信長が暴力的に一揆に対峙《たいじ》したのに対し、秀吉はそれにとどまらず法的・機構的に一揆を排除していこうとした点にあった。

家康と一揆

関ヶ原の戦いで天下を掌握した家康は、徳川家への親疎による大名配置を積極的に推進した。この大名配置政策が新たな一揆の温床を作り出したのである。大名が出ていく旧領でも、新たに配置された領土でも一揆が発生した。表1は、堤洋子氏の『秋田県百姓一揆年表』（一九九五年、百姓一揆研究会）をもとに、慶長年間における現秋田県域における一揆をまとめたものである。常陸《ひたち》の大名であった佐竹義宣《さたけよしのぶ》は、一六〇二年（慶長七）九月に秋田に入部する。この入部を待ち受けていたのが旧小野寺・浅利・六郷・秋田氏の旧臣と百姓による入封反対の一揆であり、さらに佐竹氏が領域支配のために検地を行うと、さらに一揆が起こるという状況であった。〇二年から〇三年にかけて、佐竹氏の支配領域全体が一揆状況であった。一揆は佐竹氏の入部を阻止しようとし、佐竹氏の支配となる拠点の城を占拠しようとしていた。それに対し佐竹氏は、武力で鎮圧

の秋田藩一揆

経過と処罰	通称	特記
米内沢城を攻めるも城主赤坂朝光が鎮圧	小森一揆	慶長8年説あり
佐竹義宣の秋田入りを襲撃計画		
佐竹義宣の入部に反対して蜂起、磔2人、死罪18人		8年10月5日説あり
大山采女の家来のやりかたに不満で騒ぐ		
佐竹氏へ連判して訴願、6人死罪		
検地に反対して蜂起、3人処刑	小阿仁一揆	
米内沢城を襲おうと蜂起、城代と藩主旗本により鎮圧。6人獄門	比内一揆	
小森村一揆に呼応		
検地に反対、赤坂朝光が鎮圧	大阿仁一揆	
新政に反対して六郷の館を襲う。鎮圧	六郷一揆	慶長7年説あり
武田氏の館を襲い滅ぼす、30人斬首	八森一揆	
僧侶の説得で訴状を提出		

表1　慶長期

年月日	地域	参加者
慶長7年7月	秋田郡坊沢・綴子・小森村	浅利氏の旧臣、百姓2000人
慶長7年9月か	山本郡仙北地方	旧小野寺家臣と百姓2～3000人
慶長7年10月7日	山本郡角館地方	角館の百姓
慶長7年秋	山本郡金沢村	金沢村百姓
慶長7年秋	山本郡大曲・戸蒔村	大曲・戸蒔付近の百姓
慶長8年8月	桧山郡小阿仁村	小阿仁村土豪、百姓
慶長8年8月	秋田郡比内地方小森村ほか	土豪、百姓2000人余
慶長8年8月	秋田郡扇田・十狐・花岡・十二所村	浅利氏の旧臣
慶長8年10月	桧山郡大阿仁	土豪
慶長8年10月5日	山本郡六郷地方	小野寺・秋田・六郷氏旧臣1000人余
慶長10年8月	山本郡本館村	在地土豪、百姓
慶長13年2月	秋田郡比内地方	比内地方の土豪

し、多数の人々を処刑することでこの一揆状況を打開していったのである。実は佐竹氏が去った常陸でも、一六〇二年（慶長七）七月に車丹波守斯忠《くるまたんばのかみつなただ》を指導者とする一揆が発生している。この一揆で車丹波は、水戸城を奪取しようとしたといわれる。

関ヶ原の戦いと大坂冬の陣・夏の陣という大名たちをまきこんだ戦争は、一揆を発生させる原因となった。関ヶ原の戦いがあった一六〇〇年（慶長五）には、下野《しもつけ》国鹿沼、越後国魚沼郡、伊予国宇和島、同国久米郡、陸奥国和賀《わが》郡などで一揆が発生した。越後の一揆は「上杉遺民一揆」と通称されるように、会津に転封した上杉氏の遺臣たちが中心となって起こしたものであり、その背景には上杉氏の重臣である直江《なおえ》兼続《かねつぐ》の画策があった。伊予の一揆も西軍の毛利氏と内通して展開されたものである。

大坂の陣に関係する一揆としては、一六一四年（慶長一九）に発生した北山一揆あるいは熊野領一揆と通称されるものがよく知られている。この一揆は、大和・紀伊国の土豪が、大坂方と連携し、配下の百姓らを動員して起こしたものであり、浅野氏が出陣後手薄となった新宮《しんぐう》城を奪おうとしたものである。しかし銃撃戦の結果敗走、大坂和談後帰藩した浅野氏により徹底的に弾圧された。成敗されたもの三六三名とする史料も存在する。紀伊では大坂夏の陣のさなかにも日高・有田郡などで一揆が発生している。このほか、大坂の陣に影響を受けた一揆や一揆未遂事件は伊勢・大和・摂津・丹波に発生するが、いずれも大坂の近国であり、関ヶ原の時のような広がりはみられない。

元和偃武《げんなえんぶ》とは、大坂の陣による豊臣氏滅亡後、本格的な軍事動員・戦闘がなくなったことを意味する言葉である。元和偃武後、武装して戦闘を展開する一揆は、その基盤を失ったのである。藩主が戦闘に巻き込まれ出陣することにより、現地の軍事力が低下することがなくなったこと、また各藩の体制整備が進んだことによる。

一六二〇年（元和六）の阿波国祖谷山《いややま》の一揆は如実にそれを示している。祖谷山は東西三六の名からなり、名主《みょうしゅ》とよばれる土豪がこの名を支配していたのである。一五八五年（天正一三）に蜂須賀家が入封したときには、この名主らが新政に反対して一揆を起こし、山深い土地を要害として立て籠もり新領主と対決した経験を持っている。徳島藩は一六一七年（元和三）にこの名主たちの伝来の刀・脇差を提出させたが、その代銀を払わなかった。そこで一八人の名主は、「百姓六百七拾人召連、対㆓安太夫㆒訴状指上、蓬庵様御仏詣之節、於㆓途中㆒、御直訴仕」という闘争を起こしている。名主たちは、刀剣を提出させられていたこともあって、かつてのような武装蜂起を起こす力はすでになく、藩主に訴願するという形で自分たちの要求を認めさせようとしたのである。集団的訴願という近世的な運動の先駆的な形態がここに出現したといってよいであろう。同じことは秋田藩にもいえる。慶長年間に盛んに武装蜂起としての一揆を繰り返したことは先にみた。一六〇八年(慶長一三)、比内地方の土豪たちが一揆を起こした。この一揆は最初は武装蜂起であったが、その形態をそのまま継続できず、立杭村浄応寺僧侶の説諭により訴状を提出する形で収束している。

百姓一揆とは何か

島原・天草一揆の敗北は、公儀《こうぎ》権力と一揆の長く激しい戦闘の歴史に終止符を打ったものであると評価できる。公儀権力は圧倒的な軍事力で、一揆をねじふせ、壊滅させたのである。この後長くつづく幕藩制社会で、民衆が再び武器をとって闘争に立ち上がる、すなわち一揆を起こすということはなかった。

一揆とよばれない百姓一揆

しかし、それは百姓を中心とした近世の民衆が、権力の前に何もすることができなかったということと同義ではない。一揆という運動形態の敗北後に、新たな民衆の運動形態が生まれてくるのである。この新たな民衆運動こそ、歴史学的に百姓一揆とよばれるものなのである。しかし、この百姓一揆は当時の社会では一揆とはよばれていなかったのである。

『編年百姓一揆史料集成』という史料集は、全国の百姓一揆の史料を編年で収録したものである。すべての史料を網羅しているわけではないが、全国の一揆の状況を知るための基本的文献である。この本に収録されている史料をみていくと興味深い事実にぶつかる。すなわち、その『編年百姓一揆史料集成』という書名にもかかわらず、一六三〇年代以降一八世紀末まで、一揆という文言がほとんど現れないのである。そして先にみた一七四九年(寛延二)信達《しんだつ》一揆の史料は、その運動を一揆ではなく強訴であると強調していたことも確認したところである。

百姓一揆を規定する

このことはわれわれに、百姓一揆とは何か、という明確な規定をする必要性を迫ることになる。近世社会における民衆のすべての抵抗・異議申し立て・反権力的動向、あるいは権力に打撃を与える行為、それを百姓一揆とよぶのではあまりにもあいまいになりすぎるし、百姓一揆の本質を見誤らせると考える。

戦後の歴史学は、民衆の運動を多数明らかにしてきた。そして青木虹二は、その成果を丹念に収集して年表化した。『百姓一揆の年次的研究』と『百姓一揆総合年表』という形で成果をまとめ、さらに『編年百姓一揆史料集成』において、収集された史料を公開した。『百姓一揆総合年表』に収録された一揆件数は、一五九〇年(天正一八)から一八七七年

（明治一〇）まで三七一〇件を数えている。青木のこの研究は、戦後歴史学のもっとも大きな成果の一つであるといってよいであろう。

しかし、量的に収集することを急ぐあまり、厳密な概念の検討や史料批判が行われなかったことは否めない。その結果、質の異なる事例が列挙され、百姓一揆の概念があいまいとなっていくこととなった。そこでわれわれは原点に立ち返り、百姓一揆というものの基礎的な規定を行ったうえで、青木が収集した史料・年表を点検していくことが必要なのである。

われわれが百姓一揆と規定する事例に対し、幕府はどのような規定をしているのであろうか。一七七〇年（明和七）、幕府が出した高札《こうさつ》は、それをもっともよく示している。

何事によらす、よろしからさる事に百姓大勢申合せ候をととうとゝなへ、ととうして、しゐてねかひ事くハたつるをこうそといひ、あるひハ申あハせ、村方たちのき候をてうさんと申、前々より御法度《ごはっと》に候条、右類の儀これあらは、居むら他村にかきらす、早々其筋の役所え申出へし、（後略）

以下、ととう（徒党）・こうそ（強訴）・てうさん（逃散）を訴人したものに対する褒美《ほうび》が規定されている。訴人奨励の徒党禁令として知られているが、百姓一揆を簡潔に規定している点で注目できる史料である。

徒党とは、よくないことを百姓が大勢申し合わせる行為であるという。強訴《ごうそ》は、徒党のうえで強いて願いを行うことである。逃散《ちょうさん》は、申し合わせを行ったうえで村を立ち退く行為を指している。とすれば、徒党を組織原理として、強訴・逃散という二つの行動形態があるということになる。「ねかひ事」は強訴にのみ付随しているが、逃散もその目的は願い事を成就することにあった。とするならば、われわれが百姓一揆として考える徒党・強訴・逃散とは、大勢申し合わせる行為を前提とした違法な訴訟活動であると規定できる。

一方、研究史的にはどのように規定されてきたのであろうか。実は、百姓一揆の概念を論じた論文はほとんどない。いわば暗黙の了解のうえで百姓一揆は論じられてきたのである。その了解は、百姓一揆を本格的に研究した最初の研究者である黒正巌の規定に従っていたともいえる。黒正はその主著である『百姓一揆の研究』のなかで、次のように述べている。

茲《ここ》に百姓一揆といふは、徳川時代の中央集権的封建社会に於ける身分的被支配階級たる農民が、支配関係に基きて必然的に生ずる精神的幷《ならび》に物理的圧迫苦痛を軽減し亦《また》は脱却せんが為《た》めに、武士階級に対して消極的又は積極的抵抗を企つる違法的団体運

動を総称する。（傍点引用者）

支配関係に基づく集団的な違法運動という黒正の規定は、幕府の徒党禁令高札にも合致し、了解が得られるところであろう。

何を言い出すのかといえば、きわめて当たり前のことを確認しているだけではないか、というお叱りを受けそうである。しかし、その後の百姓一揆研究は、この当たり前の規定を必ずしも前提として論じられていないのである。その結果、青木虹二に典型的にみられるように、百姓一揆の範疇は肥大化し、日常的な訴訟行為との区分がつきにくい状況になっているのである。

ところで黒正は、従来は百姓一揆といえば強訴のみを取り上げているが、「この外にも、社会史的に観察して、之《これ》と本質的に何等《なんら》異る所のない反抗運動がある。それは越訴と逃散とである」とも指摘し、幕府の明和七年令が、徒党・強訴・逃散と規定していることと差違を生じている。たしかに黒正以前の百姓一揆研究は、越訴を視野に入れていなかった。本庄栄治郎や佐野学らは、佐倉惣五郎《さくらそうごろう》の将軍直訴《じきそ》を百姓一揆の先駆的形態とし、中期以後の闘争と区分しているのである。黒正が、百姓一揆のなかに越訴形態を含み込んだことが正しかったのか否かは、のちに検討することにしたい。

百姓一揆の闘争形態

ここで百姓一揆の闘争形態について説明しておく必要があると思う。青木虹二は、『編年百姓一揆史料集成』では「百姓一揆の区分は形態別に逃散・愁訴（訴願・門訴）・越訴《おっそ》・強訴・打毀《うちこわし》・蜂起とした。張訴・捨訴・不穏などについては形態区分をしなかった」と述べるのみで明確な規定を記載していない。これは『百姓一揆総合年表』も同じである。だからわれわれは『百姓一揆の年次的研究』までさかのぼらなければならない。そこでは次のように規定している。

逃散　文字どおり農民が自己の耕作地を放棄して逃亡することで、江戸時代の初期に多くみられるが、この戦術は農民にとって命がけであった。

愁訴　ことばの意味は「なげき訴えること」であるが、ここでは、文書による嘆願および手続きをふんだ上級者への訴えであり、合法的な農民の闘争である。

越訴　訴訟の手つづきのさい順序に従わず、段階をとびこして行なうもので、本来代官へ訴うべきものを直接領主へ訴えたり、また藩をとびこえて幕府の巡見使や、江戸の老中へ駈込訴えなどをしたのがそれである。越訴は筋違いの訴えであり、本来禁じられていたので、愁訴とちがって、訴訟人は処罰覚悟の上であった。名主や庄屋などの村役人が村民を代表して訴えでるときに、この形式をとることが多く、これを代表越訴と呼んでいる。

強訴・打毀・暴動　強訴は農民が実力行使に及んだものをさし、さらに破壊をともなえば打ちこわしとなるが、打ちこわしのうち地域が拡大したものは暴動として、本書（年次的研究）では区別して分類した。

としている。その後『総合年表』では、暴動を廃して蜂起を設定し、「一国・一藩的規模の闘い」と規定した。

蜂起

この青木の闘争形態規定は、いくつかの重要な問題点を含んでいる。蜂起（暴動）から検討したい。『編年百姓一揆史料集成』で蜂起と規定されている事例のなかに、「一国・一藩的規模の闘い」と称することのできない事例が多く含まれている。たとえば、一六〇〇年（慶長五）に伊予国宇和島藩で起こった事件は、松葉町の名主三瀬六兵衛と弟七兵衛が、毛利氏と内通して一揆を計画するが、訴人があって発覚した。そこで六兵衛宅の蔵に立て籠もるも鎮圧されたものであり、地域的な広がりはほとんどない。また一六〇三年（慶長八）土佐国滝山一揆（本山一揆）は、新領主山内氏の政策に反対した一揆としてよく知られた事例である。この一揆も、「汗見川・大川内両村ノ百姓共へ廻文ヲ廻シ、一味ノ人数男女百人計也」（「土佐国滝山物語」）という規模のものであるから、「一国・一藩的規模の闘い」というにはあてはまらない。このような例はほかにもあり、この二例を青木の誤りとみることはできない。じつは、青木にはもう一つの蜂起概念があったのである。それが武装蜂起の蜂起である。先の二例とも一揆側が武器を準備し、領主軍と戦闘を展開、あるいはその準備をしている。青木はそれゆえに蜂起と規定したのである。

中後期には参加人数が数千から数万に達し、「一国・一藩的規模」で強訴・打ちこわしが行われる百姓一揆が多数存在し、青木はそれも蜂起と規定する。しかし、これらの闘争が初期の蜂起と決定的に違うところは、武器を携行し使用すること、すなわち戦闘すること、がない点である。両者は異質な闘争形態なのであり、それを同一の概念でくくることはできない。「一国・一藩的規模」で強訴・打ちこわしが行われる百姓一揆は、闘争の形態としては強訴・打ちこわしなのである。それを量的な広がりで区分することは、形態区分論としては正当な方法とは思われない。そこで、蜂起という闘争形態は、初期に頻出した武装と戦闘を伴う一揆に限定すべきであると考える。そして、これらの闘争形態によって行われた民衆の運動を、近世社会では「一揆」とみていたことは先に指摘したところである。また、生死を懸けて戦闘を展開するということは、相手を完全に否定することに通じる。当然、交渉によって解決する訴願は存在しない。その意味で蜂起は、厳密な意味での百姓一揆ではなく、百姓一揆に先行する闘争形態なのである。

青木が強訴を実力行使と規定するのもあいまいである。黒正も強訴を暴力行為であると規定する。黒正・青木が、厳密な規定をしなかったのは、強訴こそ一般的な百姓一揆の闘争形態であるという認識に基づいていた。

強訴・打ちこわし

では幕府はどのように規定しているのか。明和七年令では、「ととうして、しゐてねかひ事くハたつる」と規定されている。すなわち百姓たちの訴訟を取り上げることを強制する行為である。訴願が強いられたか否かは、領主側の認識いかんにかかるわけであるから、多様性を含んでいる。少数の代表が役所に訴状を提出する行為は違法行為ではないが、役人がそれを取り上げなかったことに抗議して言葉を荒げたりした場合に、強訴に等しいなどと表現する史料も存在している。

しかし、百姓たちにとって訴願を強いる有効な手段は、おおむね二つ存在するであろう。その第一は、農業生産者である百姓が生産を放棄する逃散である。のちにみるように、この闘争形態は独立して扱われることになる。第二の手段は、武士身分に対して圧倒的な多数を占める百姓が結集して、訴願を強いることである。後者の方法こそが強訴であった。

幕府の寛延三年（一七五〇）令には、「願筋ニ付、領主・地頭、城下・陣屋又は門前え大勢相集り、訴訟致候」とあるが、それが強訴の内容である。

打ちこわしは、家屋・家財を破損する行為である。打ちこわしという行為そのものを認定することは難しい問題ではない。しかし、それを闘争形態の一つとして設定するとなると別の問題が生じてくる。青木は「強訴は農民が実力行使に及んだものをさし、さらに破壊をともなえば打ちこわしとなる」と規定し、強訴のなかで打ちこわしが展開した場合を打ちこわしという闘争形態として設定しているかのようにみえる。ただ、個別の事例に対する評価となると別で、打ちこわしが存在していても強訴と規定している事例はきわめて多い。全体的に打ちこわしの件数が増大すると打ちこわしの闘争形態に分類する率が高くなるが、明確な基準は存在しない。

幕府は明和六年（一七六九）令で、強訴を次のように描いている。

> 遠国百姓とも願を含、所々にて寄合、手段を企《くわだて》、廻状抔《など》を出し、外村々之もの共は趣意不レ弁して、不レ得二止事一罷出、大勢集、村役人之居宅又は遺恨ニ存候もの共之家作幷《ならびに》諸道具を打損し、吟味ニ相成候上ニて、数ケ条之願を申立候類も有之《これあり》候

幕府は強訴の具体的姿を描き出すうえで、打ちこわし行為を記述せざるをえなかったので

ある。打ちこわしは、百姓一統が結集するために、あるいは訴願を強いるためのより有効で象徴的な行為として、強訴形態の百姓一揆では不可欠とはいわないが、重要な構成要素なのである。だから、いかに打ちこわしの件数が多くなったにせよ、そのことをもって打ちこわしという闘争形態を設定することができないのである。

米価騰貴などを要因とする食料暴動型の闘争などでは、訴願を提出するために城下をめざすこともせず、領主の役人が鎮撫《ちんぶ》に現れても訴状などを提出せず、米屋や村役人・豪農宅を打ちこわして回るものが出現する。米価引き下げなどの要求は存在するのであるが、それを領主に期待せず、打ちこわしによってそれを実現しようとするものであるから、明らかに強訴とは異質な闘争形態である。このような事例のみを打ちこわしという闘争形態に分類すべきであると考える。

逃散

逃散が、「農民が自己の耕作地を放棄して逃亡する」闘争形態であるという規定は正確であろうか。たしかに、逃散の最大の特徴は生産の拠点である村を立ち退く行為である。では、経営がうまくいかなかったり、村の中で外の人々と折り合いが悪かったりして、村で生活をつづけることができず、ひそかに夜逃げすることがある。現代でもありそうなこんな事例を民衆闘争、あるいは民衆運動のなかに含めるであろうか？　やはり含めることはできないという結論に達するのではなかろうか。

近世社会にも夜逃げは存在した。特に幕藩制の初期には、検地で生まれた小規模な本百姓経営が、苛政《かせい》や天災などによって経営を維持できず、夜逃げする場合が多く発生した。これらの現象を、史料上では「欠落《かけおち》」とか「走《はし》り」と表現され、研究史的には「走り百姓」とよばれている。走り百姓が増大することによって農村が荒廃し、年貢を負担する農民も減少することになるから、幕府や諸藩にとって重大な問題であった。それゆえに大名たちは積極的に走り百姓を元の村に戻す還住政策をとり、そのために隣接大名同士が協定を結ぶこともあった。処罰規定も強化されるが、その目的は走り百姓の還住にある以上、走り百姓個人に対する処罰よりも宿主への厳罰という性格を強めていく。そして、走り百姓の根絶をめざし、農政を全面的に見直す初期藩政改革とよばれる改革政治を展開することになる。

このように、走り百姓は幕藩制初期における重大な社会現象であるが、それを民衆運動の一形態としての百姓一揆と理解することとは別物である。走り百姓は組織的運動ではなく、また抵抗するという意識も存在しなかったのであるから、それを百姓一揆の一形態とすることはできないのである。逃散を理解するためには、まずこの走り百姓と区分することからはじめなければならないのである。

明和七年令に「申あハせ村方たちのき」とあるように、申し合わせを前提とした集団行為こそが百姓一揆としての逃散なのである。そして村方立ち退き行為は、訴訟を受け入れさせるための手段としてとられたのであり、そこに強訴との共通性が存在する。

愁訴・門訴

青木の愁訴《しゅうそ》概念は、百姓一揆の基本概念に抵触するものであるといわなければならない。なぜならば、愁訴を合法的な闘争であると規定しているからである。違法性を伴わない運動は百姓一揆たりえないのである。このように断言すると、近世の百姓たちは「お上《かみ》」にさからうような訴願をすることは、現実的には不可能であったのだから、形式的には合法的な「愁訴」でも百姓一揆のなかに含めるべきであるとか、また、合法的であっても訴願の内容は当時の社会的矛盾を表現し、それを打開するための運動であったことを否定すべきではないという反論が出そうである。

前者は近世社会に対する誤解に基づく反論である。地方の旧家や博物館・文書館などに収蔵されている村方文書《むらかたもんじょ》を調査すれば判明することであるが、これらの村方文書には「乍恐以書付奉申上候《おそれながらかきつけをもってもうしあげたてまつりそうろう》」などと題された多数の訴訟文書が存在する。この訴訟文書のなかには、年貢や諸役の軽減を願ったり、夫食《ふじき》とよばれる救助米の下付を求めたりするものが数多く含まれている。これらをすべて百姓一揆の愁訴として処理すると、百姓一揆の件数は膨大にふくれあがることになろう。村と百姓たちは、このような合法的訴願によって、村と百姓の成立を求める努力をつづけていたのである。しかし、それでは解決できない状況に追い込まれたとき、要求を実現するために非合法な手段をとったものこそが百姓一揆なのである。合法的訴願から非合法の百姓一揆に発展するには大きな溝があったのである。

愁訴についての第二の問題は、門訴《もんそ》をそのなかに含めていることである。門訴とは、江戸藩邸に大勢が詰めかける集団的訴願である点で強訴に似た形態の運動である。幕府は一七七一年（明和八）五月に門訴禁令を発布しており、合法的訴願ではない。この門訴を愁訴のなかに含めるのは無理があり、独立した闘争形態と認識すべきである。

越訴

直接の支配役人（役所）を差し越して上級役人へ訴願するという差越訴え＝越訴《おっそ》を、百姓一揆の闘争形態として含めたのは、黒正であることは先にみた。黒正は「自己の領主或は他領の領主、幕府の大官に直訴」（『百姓一揆の研究』）する方法であるとしていた。しかし、しだいに越訴の範疇は拡大し、青木が巡見使への訴願を例示しているように、直接の支配以外への訴願をすべて越訴概念でとらえるようになっている。越訴概念は限りなく拡大しているといえる。元来、訴訟を受け付ける機関である奉行所（それが幕府の奉行所であろうと）への訴願と、将軍・藩主や老中らへの訴願を同一視してよいのであろうか、という疑問が生じる。

百姓一揆の闘争形態として越訴をとらえようとするときの最大の問題点は、越訴という行為が「固《もと》より国の掟《おきて》に反する違法の行為であって、直訴者はもちろん厳刑に処せられる」（黒正巌『百姓一揆の研究』）というものであったか否かである。はたして幕藩領主は、越訴という訴訟方法を違法な行為であると規定していたのだろうか？　また違法であったとしても、頭取死罪となるような強訴・逃散と同一レベルの処罰がなされるような、重度の違法行為として認識されていたのであろうか？　この点はのちに詳述することになるが、私は、越訴を重度の非合法訴訟であると考えていない。

このような百姓一揆における闘争形態の留意点を意識して、一七世紀の民衆運動の状況を見てみるとどのようになるのであろうか。

近世民衆運動の胎動

一七世紀の諸闘争

青木年表からみた一七世紀の百姓一揆

表2は、『編年百姓一揆史料集成』をもとに一七世紀の百姓一揆を闘争形態別に分類したものである。この表からどのようなことがいえるであろうか。この時期の主要な闘争形態は、越訴《おっそ》・愁訴《しゅうそ》・逃散《ちょうさん》であり、全体の八五%強を占めている。この三者の関係をみると次の三点が指摘できるであろう。愁訴は一六一〇年代以降高いレベルでの発生がつづいている。逃散は一六三〇年（寛永七）までがピークであり、それ以降は相対的に減少する。越訴は一六五〇年代から件数が増大し、逃散のそれを上回るようになる。

蜂起形態の一揆は、一六二〇年（元和六）までに集中して発生し、その後は一六三〇年代に三件を数えるのみである。この蜂起形態の一揆こそ、先にみた武装蜂起としての一揆であり、一六三〇年代の三件とは、島原・天草一揆（二件として収録されている）と出羽国白岩一揆である。ちなみに、白岩一揆を武装蜂起と見ることはできない。これが急速に減少する一六一〇年代に越訴・愁訴・逃散が登場し、中世的な一揆から、近世の百姓一揆への変換がみられることになる。ここに成立した百姓一揆は、最初は逃散形態を特徴とするが、一七世紀後半に入ると越訴形態を中心とした一揆へと変化する。この数値は、中世的な土豪一揆から、小規模な小百姓たちの逃散、そして村役人による代表越訴形態へと変遷するという、百姓一揆の通説的理解を証明するかのようにみえる。否、これら

表2　17世紀の百姓一揆

年　代	蜂起	強訴	越訴	愁訴	逃散	打毀	計
1600迄	10		4	4	9		27
1610迄	6	2	4	8	8		28
1620迄	4	2	15	20	22		63
1630迄			4	27	17		48
1640迄	3	3	8	17	7		38
1650迄		5	5	13	13		36
1660迄			13	9	11		33
1670迄		4	18	17	13		52
1680迄		10	19	31	10		70
1690迄		8	22	24	11		65
1700迄		6	14	29	10	1	60
計	23	40	126	199	131	1	520

編年百姓一揆史料集成より作成

の数値が通説的理解をつくり出していたのである。本書はそれを全面的に再検討することを目的の一つにしている。

大量の走り百姓

『編年百姓一揆史料集成』には、一五九一年（天正一九）から一六八一年（天和元）までの間に展開した個別的な離村である走りの事例が、六九件収録されている。このほかに二一件の走りに対する禁令や還住政策の事例が掲載されている。その地域は、陸奥《むつ》・出羽・磐城《いわき》・甲斐《かい》・越後・信濃・三河・尾張・美濃・加賀・若狭《わかさ》・近江《おうみ》・丹波《たんば》・大和・紀伊・伯耆《ほうき》・周防《すおう》・阿波《あわ》・伊予・土佐・豊前《ぶぜん》・豊後《ぶんご》・肥後・日向《ひゅうが》の二四国にわたっている。東北や九州の比率が高いが、全国を覆っている。おそらくこれらの事例はごく一部であり、この史料集には収録されなかった走りが全国に蔓延《まんえん》していたと考えられる。

走りの実態はどのようなものであったのだろうか。一例を会津藩にとってみよう。会津藩は加藤氏の代になると年貢が高くなり、百姓らは困窮していた。そこへ一六四二年（寛永一九）の大不作が襲ったから、経営を維持できず、他国へ走る百姓が大量に出現した。猪苗代・磐瀬《いわせ》・安積《あさか》地方の者三一〇人が白川・二本松・福島・仙台へ、北方三郷の者四〇〇人が米沢・仙台へ、河沼《かわぬま》郡金山谷の四〇〇人余が越後へ、南郷から下郷・上郷の者三〇〇人余が白川・宇都宮へ、伊南・伊北地方の者三〇〇人余が越後へ走ったという。郡代や代官らが大勢関所に出張して取り締まったが防ぎきれなかった。この逃散のありさまを「出走事昼夜に不限《かぎらず》、大水の流れる如く」と表現している。

生産の場である村を捨てて他村・他国へ逃亡することは、百姓にとって後ろ髪をひかれる思いであったに違いない。にもかかわらず、このような大量の走り百姓が出現することは、近世社会の基盤として設定された封建小農である本百姓たちの経営が、いかに脆弱で苦しかったかを物語っている。そして、幕藩制国家も、いまだ安定的な権力を築き上げえていないことの証明である。しかし、走り百姓は、この時期の社会矛盾のあり方を確認させる重要な事例であるが、それをもって百姓一揆という民衆運動がはじまったとすることはできないことはすでに指摘したところである。

秋田藩の訴願闘争　このような窮乏状況のなかで、百姓たちは「お上《かみ》」には逆らえないものと観念し、唯々諾々《いいだくだく》と生活を送っていたのであろうか。そうではない。彼らは近世的な新しい抵抗の方法を模索していたのである。その抵抗の方法とは村を基盤として訴願を提起することで、彼らの生活と経営を圧迫する諸要因を取り除こうとしたのである。『百姓一揆総合年表』で愁訴と分類された多数の訴願がそれである。そ

る元和寛永期の訴願

内　容
肝煎と出入し小山にて藩主に直目安。梅津の宿にて吟味
5人の百姓が6か条の目安提出。吟味の結果百姓敗訴。帰村の命に従わない2名成敗
梅津支配所。検地による打ち出し、7つ5分の高免を5つか5つ5分に変更することを訴願。6つに変更して落着
鉛山山師から3通、村から1通の目安、米価引き下げと石金の値上げ要求。若干値上げして解決
肝煎手作地の公役負担をめぐる百姓との出入。肝煎を排斥して月行事をたてる。百姓敗訴
蔵入地化を求め「お上」に目安。梅津に拒否されるとそのまま江戸へ登る。その後不明
検地で打ち出し、7つ5分の高免を隣の赤坂村並に4つ8分へ。再調査を約束
公事のため盛岡藩領鹿角郡大湯へ逃散していた百姓が、同藩役人により連れ帰らされる。4人成敗。公事内容・処罰理由ともに不明
山師が銀山衰微を理由に十分一役廃止要求。代わりに炭釜役を設置して廃止
下代の年貢過徴収を訴願。調査の結果過徴収が判明し返還
船材木の米直し値段の増額要求。一部認められる
走り百姓2人帰村。牢舎
肝煎・百姓が減免を訴願、雪中であるため来年検分することとし、今年は1分の減免

表3　秋田藩におけ

番号	日　時	地　域
1	元和2年5月10日	下野河内郡薬師寺村
2	元和3年3月25日	出羽人見甚九郎知行所（村名不詳）
3	元和3年3月25日	出羽檜山郡藤琴村
4	元和3年6月14日	出羽檜山郡藤琴鉛山および周辺4か村
5	元和3年7月12日	出羽雄勝郡東福寺村
6	元和3年	出羽平鹿郡太森村
7	元和4年4月3日	出羽平鹿郡三枚橋・高橋村
8	元和5年11月26日	出羽秋田郡山館村
9	元和5年12月9日	出羽荒川銀山
10	元和5年12月11日	出羽秋田郡泉村
11	元和5年12月23日	出羽秋田郡船越村
12	元和5年12月25日	出羽向重正知行所（村名不詳）
13	元和6年12月2日	出羽檜山郡岩川村

中竿検地による打ち出しの高免により困窮、年貢催促のために2000人が遣わさること、肝煎手作分の負担迷惑を鷹野にて藩主へ直訴
新開発が可能な土地があるのに、給地であるため新開ができないとして、蔵入地化要求。拒否され、給人と談合すべきと説諭される
年貢重課・公事役過重のため蔵入地化を給主へ訴願。梅津の吟味で過納分を返済させて解決
目安（内容不明）提出をうけて吟味しようとするが百姓不在
走り百姓が出たため瀬谷彦左衛門が在郷へ参る
減免訴願、8年1月14日、各村にいく分かの用捨が申し渡される
御用木上納のために人を雇って上納しているため、年貢上納に差し支える旨訴える。8年2月14日に用木は「前々ゟ取付候者」から上納させることとする
百姓が肝煎の隠田を訴えるが、肝煎は百姓らの依頼による隠田と答弁。隠田を耕作し、年貢を納めていない百姓・肝煎（2人）の計5人を成敗
31人走り
田地が道・屋敷・江堀・川欠などになったため再検地要求
久保田近郷の6か村百姓が、7つ5分の年貢では困窮すると訴え、「田地を捨、毎日我等（梅津）所ニ詰」るという状況であった。6つ半に改められた
能代より阿仁への米運送迷惑を訴える。藩が50艘の船を支度して運送することとする
9人の百姓が肝煎不正7か条の目安提出。吟味の結果、百姓が敗訴し3人成敗される

14	元和6年12月20日	出羽秋田郡岩脇村
15	元和6年12月26日	出羽仙北郡川口村
16	元和7年2月6日	出羽豊島郡鮎川村
17	元和7年2月7日	出羽平鹿郡黒川村
18	元和7年	出羽（地域不詳）
19	元和7年	下野河内・都賀郡薬師寺・かや橋・飯田・山田村
20	元和7年	出羽秋田郡添川・泉・寺内・八柳村
21	元和8年3月16日	下野河内郡仁良川村
22	寛永2年2月16日	出羽雄勝郡猿田・下・滝沢・玉米村
23	寛永2年3月26日	出羽秋田郡手形村
24	寛永2年3月26日	出羽秋田郡泉・新道田・寺内・八柳・ほと野・勘田村
25	寛永2年4月6日	出羽秋田郡阿仁・比内川下之郷村々
26	寛永3年2月12日	出羽秋田郡天王村

検地の結果打ち出しとなり年貢率もあがったため、80戸ほどが走ったとする目安を出す。伝馬屋敷53石を用捨
16竈走り
10人ほどが年貢率が高く難渋という目安を、梅津屋敷門前に「はさみ状」した。一旦逮捕されたが、肝煎・百姓らの願いで放免される
米納と引き換えに２分の減免を求め訴願。１分減免
在郷足軽の諸役を村が負担することの免除を求める訴願
１竈走り
上・下に別れ野役銀出入、「上」にこらえよと命じて解決
直目安（内容不明）を提出して勝訴した百姓らが、14、5年前に事済みの事例を持ち出して目安を提出。頭人１人牢舎
開田につき百姓と肝煎出入訴訟。肝煎方の主張が認められる
借米につき出入。百姓の証文が謀判とされて７人牢舎

れらは原則的に法に従った行為であるから、合法訴願と表現してもよいであろう。これらの訴願は、史料上は詫言《わびごと》として表現されることが多い。詫言というへりくだった表現の背後に、要求をあくまでも貫き通すという百姓たちの強い決意があったことを見逃してはならない。

ところで、『編年百姓一揆史料集成』に収録されている事例をみると、元和から寛永にかけて秋田藩（下野国の分領を含む）の事例が目につくのである。佐竹氏が入封後、先竿・中竿・後竿と検地を繰り返したことが、百姓らの不満を増大させた要因の一つであろう。

27	寛永4年	出羽秋田郡八森村
28	寛永5年1月8日	出羽豊島郡諸井村
29	寛永5年10月2日	下野河内郡薬師寺村
30	寛永5年10月2日	下野河内郡町田・田中・東根村
31	寛永5年10月5日	下野河内郡東根村
32	寛永6年3月28日	出羽秋田郡葛原村
33	寛永9年3月7日	出羽仙北郡堀見内村
34	寛永9年3月14日	出羽秋田郡村名不詳
35	寛永9年6月23日	出羽秋田郡大窪村
36	寛永9年8月25日	出羽豊島郡豊島本町

しかしなによりも院内銀山奉行・惣山奉行・勘定奉行・家老兼町奉行を勤めた梅津《うめづ》政景《まさかげ》が、『梅津政景日記』という克明な日記を残してくれたという史料上の問題が大きい。この秋田藩の動向は、秋田という地域の歴史ではなく、全国のこの時期の百姓らの運動を知るうえで格好の材料であると考える。しかも、先にみたように佐竹氏の入封に伴う武装蜂起型の一揆が頻発した地域でもあり、この武装蜂起後の近世民衆の運動を考えるうえでもっとも好ましい地域でもある。

　表3は、一六一六年（元和二）から一六三二年（寛永九）の間に、秋田藩

で発生した訴願闘争および走りに関する年表である。全体で三六件が確認できる。『編年百姓一揆史料集成』では、この他にいくつかの事例が収録されているが、山論などの共同体間の争論であったり、集団の利害にかかわる問題ではなく個人的事情によって発生した訴願などであり、それらはこの年表から除外している。

これらを内容的に区分してみると、藩や給人に対する訴願が二〇、村方内部の問題での訴願（村方騒動）七、内容不明の訴願四、走り五、に分類することができる。領主に対する訴願が圧倒的に多いが、村方騒動も七件存在することは注目に値する。この対領主訴願の中心は、検地による打ち出しのうえ、高い年貢率のために困窮しているとして減免を求めるものが多い。また給地《きゅうち》の百姓が蔵入地《くらいりち》化を要求しているものが三件ある。これらの傾向は秋田藩に限らず全国的に見受けられるものである。ただ、給人などによる恣意的で不当な人身支配を訴えるようなものはみられない。

訴訟の多くは一村だけで行われており、参加村落が確認できる事例でもっとも多いのが六ヵ村である。25の事例は、参加村落が確認できないが、米穀の運送という課題から生じた事件であり、かなり広い範囲の村が参加していたことが想定される。しかし、このような地域的に広がった訴願はまだ希有な存在であったといえる。

訴訟の形態は、給主や勘定奉行である梅津への訴願であるから、『百姓一揆総合年表』の愁訴にあたる合法的な訴願が多い。ただ、この訴願を有利に展開するために、24の事例では「田地を捨、毎日我等所ニ詰」るというような行動を起こしている。この「田地を捨て」という行為を、逃散したと理解することも可能であるが、私は耕作もしないで毎日訴訟に出てきたと解釈したい。

逃散については、はっきりと確認できるのは8の一件だけである。ただし17の事例は、梅津が吟味しようとして百姓を呼び出そうとすると不在であったとされ、訴訟した百姓らが逃散した可能性は否定できない。越訴は1・6・14の三件が確認できる。また29は、門前に「はさみ状」があったとされるから、捨訴《すてそ》の形態をとっていた。

訴訟に対する吟味は、かなり迅速に展開し、多くの場合数日間で解決している。また、年貢率に関する訴訟では、再検査を約束したり、あるいは百姓の要求通りではないがいくぶんか負担を軽減して解決しており、訴願は有効な役割を果たしていたといいうる。

処罰は六件行われている。そのうち、一六三二年（寛永九）の二例が牢舎であるほかは、「成敗《せいばい》」という極刑が四件で行われている。しかも、一六二二年（元和八）の21と、一六二六年（寛永三）の26は、村方騒動であるにもかかわらず成敗されていることは注目できる。中後期になると村落内部の問題については、幕府や諸藩は不介入を原則としており、村方騒動となっても扱人を立てて内済で解決させ、処分を行わなくなるが、この時期には村方騒動の訴状を権力が裁決し、処分を加えることが少なくなかったのである。

なぜ処罰されるのであろうか。14の逃散では四人成敗されている。その理由は不明である。ただ、のちにみるように、全国的にみて近世前期では、逃散という訴訟方法が問題とされて成敗される状況にはないので、事例も逃散を理由とした処刑ではないと推測する。その他の五件の処罰をうけた訴訟は、『百姓一揆総合年表』の愁訴に相当する訴訟方法である。同じ愁訴であるにもかかわらず、処罰されたりされなかったりしているのは、訴訟方法が問題とされたのではなく、訴訟の内容が問題とされたことを意味する。隠田《おんでん》が摘発された21や、証文が謀判《ぼうはん》とされた36では、隠田や謀判の罪として前者では成敗、後者は入牢させられたのである（後者の最終的処罰は不明である）。2や26では、吟味の結果敗訴したので、前者では二名が、後者では三名が成敗にされている。訴状の正否によって、無罪か処罰かがきめられたのである。先に、訴願が有効であったことを確認したが、敗訴すれば成敗される危険性を伴うものであり、その意味では命がけの訴願であったのである。

三件の藩主直訴

越訴形態をとった三件の事例を少し詳しくみておこう。第一の事例は、一六一六年（元和二）五月に、下野《しもつけ》国薬師寺村の百姓らが、肝煎《きもいり》との出入を小山において藩主に駕籠訴《かごそ》したものである。残念ながら、肝煎との対立の中身は判明しない。駕籠の中にいた藩主は、訴状を確認することができずに、そのまま通過した。百姓らは梅津の旅宿に召出されたが、彼の説諭を「かつてん（合点）」して解決している。

第二の事例は、一六一七年（元和三）に出羽国太森村の百姓が「御上へ□目安」したものである。解読不能の箇所は、直の文字が入るものと推定される。「御上」とは藩主を指すものと考えられるから、ここでも藩主への直訴《じきそ》が行われたのである。もっとも、どこで、どのような直目安が行われたのかは不明である。藩主はただちにその訴状を穿鑿《せんさく》したが、「為□申分も無之《これなく》候」と判断し、肝煎に穿鑿させることを命じたのである。ここでも重要な箇所が不明であるが、差の文字が入り、「為差」で「さしたる」と読ませるものと推測する。百姓の要求は蔵入地となることを求めたもので、梅津がそれを拒否すると、訴訟のために江戸へ上ってしまうのである。この百姓らが、その後どうしたのかはわからない。

第三の事例は、一六二〇年（元和六）一二月に出羽国岩脇村の百姓が、「御鷹野《おたかの》」で目安を提出したものである。目安を直接受け取った人物は判明しないが、鷹狩りをしている藩主を目標として訴訟行為に及んだものであると考えることができる。訴願の内容は、中竿検地による高免で困窮しているうえに、二〇〇〇人におよぶ年貢催促人が給人により派遣されたこと、肝煎手作り分の諸役負担が迷惑であることなどであった。ただちに吟味が行われ、手作り分の諸役負担を二〇石までに限定することなどで解決している。

この三例からどのようなことが判明するであろうか。一六一六年から二〇年までのわずかな期間に、三件もの藩主直訴が行われていたという事実である。しかも、太森村の場合には、藩側がささいな問題であると判断するような場合でも、藩主直訴が行われているのである。

これらの越訴はどのような人々によってなされたのであろうか。薬師寺村の事例は、肝煎との対立から生じたものであり、岩脇村では、肝煎手作地の諸役負担が問題とされているから、これらの闘争を担った主体として村役人の頂点にいる肝煎層は排除される。また、太森村でも肝煎に吟味を命じていることから、訴訟人のなかに肝煎が含まれていないと考えられるのである。肝煎に準ずる老名《おとな》百姓たちの動向が一切不明であるために、ただちに小前《こまえ》百姓層を中心とした闘争と論ずることはできないが、小前層の積極的な闘争への参加を推測することは可能であろう。少なくとも、小前百姓が闘争主体として成長しきれていないために、村役人層が村人を代表して越訴したというような闘争ではない。

最後に問題とされなければならないことは、この三件の事例のすべてで、藩主への直訴―それは藩内での最高の越訴であるわけだが―を行った百姓たちが一切処罰されていない事実である。越訴した人物は捕縛もされていないのである。

実は、この時期の秋田藩領では、もう一件の藩主直訴が存在する。一六三〇年（寛永七）一二月に、下野国磯部村の肝煎二郎左衛門が行ったものである。『編年百姓一揆史料集成』に収録されている事例であるが、仁良川村の見正との間の個人的対立からひきおこされたものであり、村を巻き込むような集団性も見られないので、私は表からはずしておいた。この二郎左衛門は、藩主直訴を行う以前に、江戸の「御年より衆」（後の老中）へ訴願していた。吟味した梅津は、二郎左衛門の訴えを「一かたならさる偽」と断定し、さらに訴訟手続きも、「先兵部少（秋田藩役人）ニ申、其上屋形様（藩主）へ御目安を書、不レ被二聞召届一、其身合点ニ不合候はゝ其後江戸御年より衆へ申上へく」ところを、先に「江戸御年より衆」へ訴願したのは不当であるとして、二郎左衛門を捕縛している。二郎左衛門の最終的処分は不明であるが、梅津は「一として其身たすかりかたきもの」という認識を示しているから、死罪などの極刑に処されたものと推測される。

問題なのは梅津の訴訟に対する認識である。梅津は、藩の重役である兵部少への訴願を認め、それが容れられなかった場合の藩主への直訴を容認し、さらにそれでも受け入れられない時には、幕府年寄（老中）への直訴をも認めているのである。直訴が「固《もと》より国の掟《おきて》に反する違法の行為であって、直訴者はもちろん厳刑に処せられる」（黒正巌『百姓一揆の研究』）ものであるならば、秋田藩と梅津の認識は、その原則から大きく逸脱しているのである。

秋田藩主は慈悲深い殿様であったから、百姓の苦渋を理解して、藩主への直訴という「国の掟」に違反する行為をも認めたのであろうか。もちろん、私はそのようには考えない。越訴を「国の掟」としてきた従来の理解こそ再検討されなければならないと考える。それを立証するためには、秋田藩の事例のみでは不十分である。そこで幕府の越訴に対する処置の仕方、しかも最高権力者である将軍（大御所）への直訴の問題を考えていく必要があろう。

寛永五年の徒党

ただその前に、元和から寛永にかけての秋田藩民衆運動でどうしても触れておかねばならないことがある。それが一六二八年（寛永五）の下野国薬師寺村の百姓一〇人ばかりが、減免を求めて梅津の屋敷に大竹に挟んで目安を差し込んだ事件である。例によって梅津は、ただちに百姓を招集して吟味を行い、その申し分が「すいかい」であるとして、訴訟人を捕縛し、妻子を両肝煎に預ける処分を行っている。この「すいかい」とは、「百姓免定不レ極以前、恣《ほしいまま》ニすいかい申」とあるから、勝手な推論ということであろう。この逮捕された人物は、肝煎と百姓らが訛言したために放免されている。

これだけでは、元和―寛永年間に続発した訴願とあまり変わりがない。しかし、梅津はこの薬師寺村の百姓らの行動を、「肝煎ニも談合不申《もうさず》、十人計《ばかり》とたう致」と規定しているのである。「とたう」とはいうまでもなく徒党の意である。近世の権力は、民衆の百姓一揆的結合を徒党と認識して弾圧したことは周知のとおりである。そして『編年百姓一揆史料集成』を見る限り、民衆運動を徒党として認識した最初の事例が、この薬師寺村の百姓たちに対する梅津の評価なのである。

将軍直訴の時代

一七世紀前半における秋田藩においては、藩主への直目安（直訴・越訴）という訴訟行為は、その行為のみをもって処罰の対象となるものではないことを先に確認した。これは特殊な秋田藩の事情によるものであろうか。この点をより明確にするために、もっとも極端な直目安である将軍直訴について考えてみたい。

『徳川実紀《じっき》』には、百姓が将軍（大御所）へ直訴した五件の事例が載せられている。第一の事例は、年月日が不詳であるが、駿河の百姓が代官の出目米《でめまい》（めべりを防ぐために余計にいれる米）の不正徴収を家康に直訴したものである。訴状を受け取った家康は、ただちに蔵を閉鎖し、後ろの壁を壊して俵を取り出し、毛氈《もうせん》の上で計量した。その結果、百姓の主張の正しさが証明されたので、代官は切腹に処された。百姓に対する処置の記載はない。

第二の事例は、一六一二年（慶長一七）一一月二〇日に発生した。この日、将軍秀忠は戸田《とだ》で鷹狩りを行い、すでに数日前から鷹狩りに出ていた大御所家康と鴻巣《こうのす》で合流した。将軍と大御所が一緒にいるという絶好の機会をねらっていたのであろう、代官非違を訴える直訴が行われた。もっとも今回は、百姓の訴えは非とされ、入牢させられるという処罰を受けている。

第三、第四の事例は、翌一三年（慶長一八）一一月に、鷹狩り中の家康に対して連続して行われた。一八日、代官深津八九郎の非違を訴える直目安が提出された。家康はただちに八九郎を呼び出し、百姓と対決させて吟味を行った。その結果、百姓の訴えは理があるものとされ、深津は代官職を免じられた。百姓に対する処罰の記載はない。つづいて二四日にも代官（姓名不詳）の非違を訴える直目安が出された。旅館に戻った家康はただちに吟味し、百姓の訴状を不当として六人を入牢させている。第五の事例は、一六二四年（寛永元）七月一五日に、増上寺に参詣する家光に対して行われたが、訴状は受理されなかった。

これらの事例で気がつくいくつかの点を取り上げておこう。第五の事例を除き、直訴は受け入れられ、ただちに将軍（大御所）自ら吟味を行い、その場で裁決している。百姓の主張に理があると認められた場合は、代官が切腹、あるいは職を奪われるなどの処分を受けている。一方、百姓らの主張が非とされた場合には、百姓が入牢させられている。入牢後の最終的処罰は不明である。なお、二四年の家光への直訴がなぜ不受理となったのかは、史料的に確認できない。

第一・第三・第五の事例では、百姓は将軍（大御所）へ直訴を行ったにもかかわらず、処罰の記載がない。また、第二・第四の事例では、百姓が入牢の処罰を受けているのであるが、その理由は百姓たちの主張が非とされたからである。もし、直訴を理由として入牢されているのであるならば、一・三・五でも入牢させられていたはずである。

将軍へ直訴することを幕府は認めるはずはなく、ひとたびそれを行えば、訴願内容のいかんにかかわらず、佐倉惣五郎がそうであったように不敬きわまりない行為として磔《はりつけ》などの極刑に処せられる、というのが一般的な常識であろう。しかし、『徳川実紀』という幕府の正史に記されていたことは、将軍直訴という行為そのものでは逮捕・処罰されなかったという事実である。先に、秋田藩において藩主に対する直訴が行われた時、藩は直訴という行為を対象とした処罰を行っていないことを確認した。それは秋田藩主が慈悲深い性格だったから、直訴を処罰しなかったというような問題ではないのである。最高権力者である将軍直訴が認められていた社会では、大名への直訴も当然認められた行為であったのである。

目安さゝぐるものあまたあり

将軍へ直目安を提出するのは百姓に限らない。武士・商人・僧侶らの直目安も『徳川実紀』に散見する。また、百姓らの直目安も上記の五例に限られたものではなかった。一六一五年（元和元）一〇月、大御所家康は、戸田・川越・忍《おし》・岩槻《いわつき》・越谷《こしがや》・西葛西《にしかさい》・千葉・東金《とうがね》・船橋と狩り場を移しながら鷹狩りを行った。この長期の鷹狩りの目的について、『徳川実紀』は、

大御所はかく日をかさね、遠近の郷村に狩したまひながら、民政の得失、郡吏の善悪、農民の患苦を糺察《きゆうさつ》し給へば、遠近の百姓訴状を捧げ、小吏《しようり》の残暴をうたふる者多し

と記述している。家康は、鷹狩りの場で百姓らが直目安を提出することを待っていたのである。

直目安を提出する場は、鷹狩りに限られたのではない。増上寺参詣に出た家光へ直目安が提出されたことは先にみた。日光社参という将軍が長期に旅する時は、直目安の恰好《かっこう》の舞台であった。一六三四年（寛永一一）、日光社参の家光の行列に、多数の直目安が提出された。『徳川実紀』はそのありさまを、「又道中にて目安さゝぐるものあまたあり」とさりげなく記すのみで、将軍や幕閣がこれらの直目安にどのような対応をとったのか、などについての記載はない。それは、将軍への直目安という行為を、当時の人々が特別な事件と考えていなかったため特別の記録が残されず、『実紀』の編者にしても記載のしようがなかったと考えられるのである。

一六四二年（寛永一九）四月、家光は再び日光社参の途についた。このとき幕府は、社参供奉の者に対する心得を出しているが、そのなかには直目安がなされた時の受け取り人の指定がなされている。すなわち行列の先頭であれば歩士《かち》が、後方であれば小十人組《こじゅうにんぐみ》が受け取るように定められたのである。この心得のなかには直目安を制限しようという意図は見受けられず、もとより直目安をした者を捕縛するようにという指示もない。

三四年（寛永一一）日光社参供奉者に対する心得が存在しないので確かなことはいえないが、おそらく三四年社参の大量の直目安に直面して、幕府はこのようなシステムをつくったものと推測される。このシステムはその後の日光社参時に受け継がれた。また幕末に将軍が上洛する時にも、このやり方が踏襲されている。もっとも、幕末の将軍上洛に対して大量の直目安が提出されたとは考えにくい。

四二年の日光社参時に直目安がなされたのか、否かについては、『実紀』にも記載がなく判明しない。おそらく前回同様に大量の直目安が提出されたと考えられる。そして、この直目安に家光と幕府は、困惑したと推測してよいであろう。四八年（慶安元）、再び日光社参しようとした家光は、次のような法令を出したのである。

　一今度就二御参宮ニ一、御上下之間、直目安差上ケ申儀堅《かたく》無用ニ可レ仕《つかまつるべく》候、自然御訴訟仕族有《これあら》レ之は、還御以後、於二江戸一御評所え罷出、御訴訟可レ申《もうすべく》事、（『寛保集成』七一七号）

この直目安の禁止は、あくまでも参宮の間の禁止であると読むべきであろう。裏を返せば参宮期間以外は直目安は許可されているのであり、具体的には帰還したあとに「於江戸御評所え罷出、御訴訟可申事」という幕府へ直接訴願を提出する行為を、すべき行為として提示しているのである。

以上のように、幕府は将軍に対する直目安を否定しようとしていないのである。この直目安に対して、幕府は訴状内容の理非に従って裁許した。百姓の訴訟が理とされた場合には、代官らへの厳しい処罰もまっていた。非とされた場合には百姓側が処罰されたが、この処罰は決して直目安をしたからなのではない。あくまでも目安の内容が非なのである。直目安をしたという事実だけで極刑が待っているという状況には、幕府の法体制はなっていないのである。

初期の逃散　生産者が領主や資本家に対して、その要求を強いる有効な手段は、生産を放棄することである。それは資本主義社会におけるストライキにまで通じる原理である。農業民である百姓にとって、生産を放棄するとは、田畑の耕作をやめて集団的に村を立ち退く行為、すなわち逃散《ちょうさん》であった。逃散は中世以来の伝統的な闘争形態であり、近世百姓もそれを受け継いだ。

ただし、すでに述べてきたところだが、要求もなく、個別的に夜逃げのように離村する走りは、民衆運動・民衆闘争と理解することはできない。ここであつかう逃散とは、要求を貫徹するために集団で村を立ち退く行為をさす。史料が断片的な形で残ることの多い近世初期は、走りと逃散を区分することには困難を伴うが、『編年百姓一揆史料集成』を中心に検討した結果、一六八〇年（延宝八）までに三八件確認できた。百姓一揆研究のなかでも逃散に関する研究は、もっとも遅れた部分であり、未確認の事例が少なくないと思われる。たとえば、越前国大野郡大矢谷村では、「以上三度村中不残《のこらず》欠落仕《つかまつり》、五ケ月、三ケ月づゝ山籠《やまごも》り、或は他村へ隠れ罷有《まかりあり》候」（山内文書）とあり、いずれも発生年代が不明であるが、三度にわたる逃散が展開したのである。このような村が、この村限りであると考えることはできないであろう。

山上りと周辺村落への逃散

百姓たちはどこへ逃散するのであろうか。一六四四年（正保元）、越前国丹生《にゅう》郡米ケ浦の百姓は、庄屋一人を残し越後へ逃散している。このように遠隔地へ逃散することもあったが、多くは大矢谷村のように山籠り（一般的には山上《やまあが》りといわれる）か、周辺村落へ逃亡したと考えられる。中世社会では、逃散のことを「山林に交わる」と表現することもあるように、山上り逃散は一般的な形態であった。なぜ山上りするのかといえば、山林は「無縁」の地であって、領主が追及できない場と観念されていたからであった。この伝統は近世社会に継承されていたのである。近世の山上り逃散がどのように行われたかについては、残念ながらそれを説明する史料を確認することはできない。ただ、大矢谷村では、三ヵ月から五ヵ月もの間山上りを継続しているのであるから、単に、山に逃げ込んだと考えることはできず、山中に生活拠点をつくっていたのであろうことが推測される。

近世の山上り逃散としては、大矢谷村の事例のほか、西田真樹が明らかにした一六二三年（元和九）以前に行われた美濃国旗本高木氏領時村（「近世初期美濃国旗本領における農民闘争」）のほかに、一六〇八年（慶長一三）周防《すおう》国山代村、九五年（元禄八）陸奥国盛岡領雫石通《しずくいしどおり》（通とは、盛岡藩特有の地域区分で代官所支配地域をさす）がある。近世後期になっても、一七八六年（天明六）と一八四二年（天保一三）に土佐藩の百姓が久万山大宝寺へ、一八三八年（天保九）肥前国唐津藩預所の百姓が佐賀藩境の金毘羅岳へ逃散したように、その伝統はつづいていた。しかし、判明する事例は少なく、初期逃散の逃散先は、基本的に周辺村落であった。

逃散の効果

逃散は、領主に訴願を受け入れさせるために有効な方法であった。たとえば一六〇三年（慶長八）信濃国上田藩領和田村の百姓は、代官の支配を拒否して逃散した。上田藩は、代官を更迭《こうてつ》して逃散百姓に帰村を促している。なお、この逃散は年貢を皆済せずに行われたらしく、帰村にあたって、百姓一人につき一俵を未納分の

「合力《ごうりき》」として与えることも約束している。一二年（同一七）出羽国由利郡矢島地方の百姓は、山形藩最上氏による検地石増に反対して逃散、翌年再検地が行われたため帰村している。一八年（元和四）、会津藩は、越後国魚沼郡栃窪村の年貢重課から逃散した百姓に対し、「田地八作取、諸役之儀も申付間敷候《もうしつけまじく》」という条件で帰村をさせている。

逃散に対する処罰はあるのか

逃散は単独に行われるだけでなく、他の訴願と複合的に展開することもあった。一六六三年（寛文三）から六七年（同七）までつづいた近江国蒲生郡千僧供・薬師・川守三ヵ村の闘争は、その経過がよくわかる。領主である旗本福富平左衛門は、五九年（万治二）に湯治と称して知行所に来て、検地や斗代直しを命じて増徴をはかり、庄屋を死罪にするなどの暴政を行った。翌年、旗本は江戸に戻ったが、免（年貢率）を七つ五分（七五％）から九つに達する年貢増徴を展開した。六三年、この苛政に耐えきれなくなった三ヵ村の百姓四四人が江戸へ出て、寺社奉行井上河内守へ出訴した。しかし、翌六四年には再び免八つという重課であったため、川守・薬師両村百姓八〇人が逃散した。六七年になり逃散百姓が、数度にわたり巡見使に訴願し、訴状が受理された。幕府は旗本福富のやり方が苛政であることを認め、所領を没収して追放に処した。三ヵ村は幕領となったが、免は三つ八分から四つ七分ほどに下げられた。減免を獲得し、領主を改易《かいえき》させてこの闘争は大勝利を得た。なお、百姓に対する処罰は行われていない。

一方、逃散百姓が処罰されることもあった。七二年（寛文一二）、甲斐国八代郡大野・神沢・石村の百姓三一軒、二〇〇人余が、旗本山上吉勝の高免、諸役過重に抗して逃散して、幕府へ訴願した。幕府は百姓らを追放処分としたが、その理由は、山上に「非理の挙動あらず」ということと、百姓らが「徒党して訴訟せし」という点に求められた。もっとも山上も「非理の挙動あらず」だが、「処置のさま行とゞかざる」という理由で知行地を没収されて蔵米取にされた（『徳川実紀』）。

もっともこの百姓は追放という刑に処されたという認識を持っていなかったようである。逃散から一〇年後の八一年（延宝九＝天和元）、逃散百姓名の御奉行様宛の訴状が残っているが（前田家文書）、そこでは「逃散仕御公儀様へ御訴訟仕候故、御召返シ不レ被レ下《くだされず》」と認識している。逃散したことによって「田畑にはかれ（別れ）何方へ罷越《まかりこし》候ても身命助可レ申《もうすべき》たより無御座《ござなく》」なり、「かつゑ死申者も大勢御座候」という状況におちいった百姓たちは、「召返し」を求める訴願を繰り返した。それは、「親類共を頼、年々御老中様御乗物訴訟仕《つかまつり》、其上《そのうえ》御法事之度々御上野へ相詰御訴訟仕」というものであった。「老中様御乗物訴訟」とは老中駕籠訴をさし、「御法事之度々御上野へ相詰御訴訟仕」とは上野寛永寺へ参詣する将軍代参人への直訴である。残念ながら、これらの訴訟によって、逃散百姓が帰村できたかどうかは判明しない。

このほかに逃散百姓が処罰された事例は、一六〇八年（慶長一三）周防国山代地方で一一名が獄門、一九年（元和五）出羽国秋田郡山館村で四人死罪、四四年（正保元）越前国丹生郡米ヶ浦で二名牢舎（最終的処罰不明）だけである。なぜこのような重い処罰となったのか、その理由は不明である。その他の逃散では処罰された記事をみることができない。おそらく、近江国の事例のように処罰されなかったと思われる。また、甲斐国の事例も、逃散という行為に対する処罰ではないことに留意したい。なぜ処罰がなされなかったのか。それは幕府の逃散に対する法体系の問題であり、次節で考えることにしたい。

山陰逃散

一六六〇年代（寛文年間）に入ると、九州では逃散の形態に変化が生じてくる。六三年（寛文三）豊後国速見郡日出《ひじ》藩領大神・藤原・山香村の男女の百姓が、杵築《きつき》藩領鷹山川河原に逃散した。七四年（延宝二）には豊前国宇佐郡中津藩領六郎丸村の百姓男女六〇人が、日出藩領唐川に逃散した。八五年（貞享二）には日向《ひゅうが》国宮崎郡飫肥《おび》藩領清武郷の百姓一六軒、男女七六人（二二軒、七七人とするものもある）が鹿児島藩領山之口に逃散した。これら三つの逃散の共通点は、女性を含めて逃散していることと、隣藩領の特定の場所に集団行動で赴いていることである。

このタイプの闘争の頂点に立つのが、規模や影響の面からみて、一六九〇年（元禄三）日向国臼杵《うすき》郡延岡藩領山陰《やまげ》・坪屋両村の逃散である。山陰一揆《やまげいっき》と通称されるこの逃散は、郡代梶田十郎左衛門の苛政に反対して起きたもので、両村三〇〇軒余、男女一四〇〇人余が、牛馬一〇〇頭余を牽き、鉄砲四九挺などを持って、四隊に分かれて高鍋《たかなべ》藩領へ押し掛けたものである。高鍋藩領での交渉は不調におわり、江戸で吟味が行われた。その結果、磔四、打首二、遠島七という逃散側からの犠牲も出たが、郡代と代官が追放となり、延岡藩主有馬清純も越後国糸魚川へ転封となった。ただし、百姓側への処罰の理由は逃散をしたことに求められたのではない。判決文が存在しないので明確な理由はわからないが、『徳川実紀』は「民ども申所ひが事なりしかば、あるは斬に処し、あるは流刑に処せらる」とまとめている。この処罰の仕方は七二年甲斐国逃散と同様である。

この逃散も、先の三者と同様に女性が参加したものであった。百姓男女とは、百姓とその妻だけを指すのではなく、老人・子供を含めてのことであった。その意味でこのタイプの逃散は家を挙げての逃散、挙家逃散である。山道を、しかも「道なき所ハ切明ケ」（「臼杵藩風聞史料」）ながら老人・女性・子供を連れて逃散するには、いろいろな困難があったであろう。八五年清武郷逃散では、行動の妨げとなると考えたのであろう、身体の不自由な子供（十二、三歳）を殺害してから逃散している。

山陰村では三三七軒のうち二九七軒、坪屋村では七〇軒のうち六〇軒が逃散し、残りのうち山陰村では一〇軒、坪屋村では二軒は遅れて逃散しようとしていた。逃散の意志がないのは、山陰村では庄屋兄弟三軒、地方取《じかたとり》奉公人一七軒、坪屋村では庄屋一軒、地方取奉公人七軒であったとする史料がある（「臼杵藩風聞史料」）。その意味では、この逃散は村を挙げての逃散、挙村逃散でもあった。

次に牛馬を牽いていったことの意味を考えたい。清武郷の逃散でも牛馬を牽いて逃散している。山陰逃散では、逃散百姓は高鍋藩領に着くや、ただちに「郡代仕置方稠敷《きびしく》被仰付候ニ付、只今之分ニ而《て》ハ堪忍不二罷成一《まかりならず》」と逃散理由をのべ、「御領分之内何方《いずかた》ニ而も被二召置一被レ下《めしおかれくだされ》候ハ、有難奉レ存候」と高鍋藩領の百姓となることを求めた口上書を提出している（「臼杵郡山陰村坪屋村百姓逃散一件覚」）。高鍋藩領で百姓として生活することも求める逃散百姓は、その地で農業を展開するために必要な生産手段を持ち出したのであり、牛馬もその一つとして持ち出された、と解釈することが可能であろう。

鉄砲を持ち出した逃散

逃散百姓が鉄砲を持ち出したのも、山陰逃散の重要な特徴である。この逃散については、周辺の九藩で情報収集活動を展開したことが知られるが、その主要な目的は、この鉄砲についての情報を得ることであった。ただ、この鉄砲を武器として持ち出したと考えることはできないし、領主側に対して発砲した事実もない。生類憐れみの令の関連で、火挟《ひばさみ》（火縄銃の引金に付随して火縄をさしこむ金具〔『広辞苑』〕）は庄屋の所に集められていたため、これを持ち出すことができず、火縄だけもっていった、とする史料（「臼杵藩風聞史料」）もある。そのとおりであるとするならば、当然武器としての役割を果たせなかったであろう。

「相図《合図》之鉄砲」（「臼杵藩風聞史料」）とあり、鉄砲が逃散の集団を統制する鳴物として使われていたとする史料も存在する。後に述べるように、百姓一揆では鉄砲が合図のための鳴物とされることは多く存在し、山陰逃散も同様の可能性は否定できない。しかし、牛馬を牽いていったことと関連して考えれば、この鉄砲が山林がちの山陰・坪屋両村にとって、作物をあらす猪や鹿などを追い払うために使用するものであったから持ち出されたと理解すべきであろうと思う。それは逃散先での農業生産を維持するための重要な生産手段ではなかったか。なお、百姓一揆における持物と鳴物については、「百姓一揆の作法論」の章の「百姓一揆のめざしたもの」で展開する。

示威的逃散

隣藩領の特定の場所に集団行動で赴いた意義は、どのようなものであったのだろうか。逃散百姓は、その逃散先の百姓となることを標榜して逃散したことを先にみた。しかし、次の史料をみてみよう。

百性《（百姓）》共存候も、大勢他領へ立退候ハ、御仕置も替り、又御役人も御かへ《（替え）》可レ被レ成《なさるべく》候間、其時ハ可ニ罷帰一《まかりかえるべく》と存候而《て》欠落候半哉と推量仕候（「臼杵郡山陰村坪屋村百姓逃散一件覚」）

逃散すれば、政治も改まり、苛政を行っている郡代梶田も交代されるであろうから、そのようになったら＝要求が貫徹したら帰村しよう、というのが逃散百姓たちの意図であると指摘している。逃散百姓たちは、延岡藩に対する要求を告げ、高鍋藩領へ派遣された延岡藩役人、高鍋藩役人との間で交渉に入った。逃散を行ったのは九月二〇日であるが、一〇月二日には、要求をまとめた訴状を提出している。逃散百姓たちの真意は、先の史料が推量したとおりであったと考えてよい。

延岡藩は、早期に解決するためには、逃散百姓たちの要求を全面的に認めるしかなかった。

山陰ニ而《て》差出候書付《かきつけ》之通可二赦免一由申遣《のとおりしゃめんすべきよしもうしつかわし》候。（中略）乍二此上一《このうえながら》、日本ノ神ヲ以《もって》罷《まかり》帰候而《かえりそうろうて》壱人も科《とが》被二仰付一間敷由《まじきよし》被二仰下一候得共、愚知成者共ハ安堵無レ之《あんどこれなく》候、延岡御役人と高鍋御役人御相談之上ニ而高鍋御役人証拠ニ御立候様ニ奉レ頼候（「臼杵郡山陰村坪屋村百姓逃散一件覚」）

要求を認めたうえで、帰村しても一切処罰を加えないという起請文付きの書状さえ与えたのである。しかし、逃散百姓たちはそれで満足せず、高鍋藩役人がそのことを保証してくれることを要求したのである。この逃散の目的はそこにあった。隣藩へ逃散することは、藩の捕縛を逃れるのみならず、交渉の結果を隣藩に保証させようとするものであった。しかも、藩は隣藩への体面上、速やかに解決することが求められ、それは逃散の要求を全面的に認めることによってしか果たせないのである。

強訴は、百姓集団の圧力によって、その要求を強いる行為である。大挙して隣藩の特定場所へ逃散する方法（これを仮に示威的逃散とよぼう）は、集団の力にプラスして、藩同士の関係を利用して、より有効に藩に要求を強いる行為であったのである。山陰逃散が発生した一七世紀末は、全国で強訴型の百姓一揆が出現する時期である。九州ではそれが、逃散という形で出現したと考えるべきである。この示威的逃散は、九州と四国に多いという地理的なかたよりはあるものの、その後全国的に展開し、幕末の一八五三年（嘉永六）陸奥国盛岡藩三閉伊《さんへい》一揆までつづくのである。

直目安と逃散に対する幕府の対応

一七世紀前半に発生した逃散《ちょうさん》や直目安《じき》（越訴《おっそ》）の事例を確認してきたが、その行為に対する幕府・諸藩の対応は、その行為自体を処罰の対象とするものではないことが確認できたと思う。従来、逃散や直目安（越訴）は違法なものと認識されてきたが訂正する必要がある。この点をより明確にするために、逃散や直目安（越訴）に対する当時の法規定をみておきたい。この問題を考えるうえでさけて通れないのが

慶長八年令

一六〇三年（慶長八）の法である。いうまでもなく、徳川家康が征夷大将軍となって幕府を開いた年に出された法令である。重要な法令なので、若干引用が長くなるが全文引用しておこう。

覚

一御料幷私領百姓之事、其代官・領主依レ有二非分一、所を立退候付而ハ、縦《たとい》其主より
相届候とても、猥《みだり》に不レ可二帰付一事、
一年貢未進等有レ之者、隣郷之取を以於二奉行所一互ニ出入令二勘定一相済候上、何方に
成共可二住居一事、
一地頭之儀申上候事、其郷中を可二立退一覚悟ニて可レ申二上之一、さも無くして地頭之身
上直目安を以申上儀御停止事、
一免相之事、近郷之取を以可レ相二計之一、附、年貢高下之儀直ニ目安上候儀曲事思召事、
一惣別目安之事直ニ差上儀堅《かたく》御法度たり、但、人質を取られ、せんかたなきに付て
は不レ及二是非一、先御代官を以可レ申二上之一、幷奉行所へ差二上之一、無二承引一付而ハ、
其上目安を以可二申上一、不二相届一して於レ申二上之一ハ可レ為二御成敗一事、
一御代官衆之儀非分於レ有レ之ハ、届なしニ直目安可二申上一事、
一百姓をむさと殺し候事御停止たり、縦雖レ有《とがあるといえども》レ科搦二捕之一、於二奉行所一対決之上可二
申付一事、
右之条々依レ仰執達如レ件、

慶長八年三月廿七日

内藤修理亮（清成）
青山常陸介（忠成）

（御当家令条二七三号・徳川禁令考二七七五号）

一条と二条が逃散に関する規定であり、三条から六条までが直目安に対する規定である。まず逃散に対する規定からみておきたい。

一条では、代官・領主の非分を理由とした逃散が発生した場合、領主が逃散した百姓を勝手に引き戻すという行為を禁止しており、百姓の逃散した意志を尊重する内容である。二条は、年貢未進のある（年貢を未納している）百姓が逃散した場合に対する規定であり、「隣郷之取」、すなわち地域の平均的な年貢量を納入すれば、どこへでも逃散してよいとするものである。百姓の対領主要求の基本は、一に年貢量であり、二に領主の恣意的な行為である非分なのであるから、それに対する合法的な抗議手段として逃散は公認されていたということになる。もちろん、年貢は皆済しなくてはならないが、その年貢量も領主が設定した量ではなく、地域の平均的な年貢量を納めればよいのである。

第三条は、地頭（旗本）に対する直目安の規定であるが、「郷中立退」の覚悟で行うことある。「郷中立退」とは逃散であるわけだから、この三条からも逃散が否定されていないことが判明する。

鎌倉幕府は関東御成敗式目《ごせいばいしきもく》において、年貢皆済後の百姓の逃散を認めていた。この規定を根拠に、居留の自由をもつ中世百姓の「自由」な性格が、土地緊縛されている近世百姓との対比で強調されることが多い。しかし、鎌倉幕府の後継者であることを自認する江戸幕府は、鎌倉幕府の規定を踏襲していたのである。そして、その姿勢は一七世紀を通じて変化しない。

一六四三年（寛永二〇）の「土民仕置覚《おぼえ》」には、逃散に関する次の二条が含まれている。

一、（二四条）百姓年貢方為二訴訟一所をあけ、欠落仕候者之宿を致ましく、若《もし》相背は、穿鑿《せんさく》之
　上曲事《くせごと》ニおこなふへき事、

一、（二五条）地頭・代官之仕置悪《あしく》候て、百姓堪忍難《なりがたし》レ成と存候ハは、年貢皆済致し、其上は近
　郷成共居住可レ仕、未進無レ之候ハは、地頭・代官構有間敷《かまいあるまじき》事、

一五条において、年貢皆済後の百姓の居留の自由という慶長八年令以来の、否、関東御成敗式目以来の権利が再確認されている。未進がある百姓に対する規定は存在しないが、それをもって彼らの逃散は禁止されたとみることはできない。新たな規定が出されなければ、

当然先行する規定、すなわち慶長八年令が有効なのであるから、未進部分を地域平均量で納入することが求められたうえで、自由な居住が認められていたと解釈すべきであろう。注目すべきは一四条の「百姓年貢方為訴訟、所をあけ」行為に対する規定である。すなわち、減免を要求する百姓が、その訴訟を有利にする手段として逃散が行われていることを意味している。この逃散は、村を基盤とした集団的な訴訟が想定される。しかし、このような行為についても幕府は否定していない。否定されているのは、逃散百姓たちに宿を貸す行為である。

逃散百姓たちは、その訴訟期間中宿を得られないのであるから、非常な困難に直面したと思われる。逃散百姓への宿貸し禁止は、逃散という行為に対する幕府の搦《から》め手からの統制であった。だが、それをもって逃散の否定とは言いえないのである。

次に直目安についてみておきたい。「一、惣別目安之事直ニ差上義堅御法度たり」とあるように直目安は原則的に禁止された。しかし法令は例外規定を設けていることにも注目しておく必要があるであろう。すなわち地頭の非分がある場合や人質を取られている場合などは直目安を容認しているのである。この条目についての従来の見解は、直目安が認められる場合はあるものの、「特殊な場合を除き総じて禁止された『直目安』の方式」（深谷克己）というように、認めているという点をみるのではなく、禁止される側面が強調されてきた。

はたして直目安を原則的に禁止したとみることが、幕府の姿勢を正しく評価することになるのであろうか？　われわれは、先に幕藩制国家における最高権力者である将軍に対し頻繁な直目安が行われていたこと、また、幕府はこの直目安に対して、その行為を理由とした処罰を行っていないことを確認してきた。従来の指摘に従うならば、法規定と幕府の実際の統治が異なることになる。直目安に対する実際の幕府の処置を考えた時、慶長八年令の「目安之事直ニ差上義堅御法度」という文言にもかかわらず、幕府は直目安＝越訴を全面的に否定していなかったと解釈すべきであろう。

直目安に対する規定は、その後一六三三年（寛永一〇）に出される。

一、御代官所・給人方町人・百姓目安之事、其所之奉行人・代官幷給人等之捌を請《こう》へし、若《もし》其捌非分有レ之は、於二江戸一可レ申二付之一、奉行人・代官等へ不レ理《ことわらず》して訴申族は、縦令《たとい》雖レ有レ理、裁許すへからさる事、

がそれであり、さらに同年八月制定される「公事裁許定」にほぼ同文が採用されるのである。この法令をどのように読むべきなのであろうか？　奉行人・代官・給人等の裁きに非

分があれば江戸へ訴え出るように、ということであろう。ただし、まず初めに奉行人・代官・給人等へ訴訟する必要があり、それを行っていない越訴は、これを裁許しないとしたのである。

この法令についても、従来の見解は、「本来、慶長期以来の農民訴訟規定による直訴禁止以上の法規をもたなかった江戸幕府は、幕府評定所制度の成立と整備とほぼ時期を同じくする寛永十年七月に、越訴も禁止した」（山田忠雄）と評価するのが一般的であった。しかし、この法令の翌年に行われた将軍の日光社参に対して、大量の直目安が提出され、幕府はそれを厳重に取り締まらなかったのであるから、この法令を直目安＝越訴の全面的否定政策と考えるのには無理がある。

私にはこの法令は、代官らの裁きに非分がある場合は江戸へ出訴してよい、というふうに読めるのである。それには代官らへの届けが必要である。その手続きをしていない訴状は不備なものとして差し戻すのである。差し戻すのと禁止は同一の事なのであろうか。慶長令では「不相届して於申上之ハ、可為御成敗事」としていた。御成敗は単なる処罰するということではない。死罪にするということである。そしてこの法規は、届け出のない江戸出訴は、裁許しないとしているのであり、明らかに罰の軽減である。否、処罰規定から処罰を含まない規定へと変化したのである。それは好ましい行為ではないが、違法な行為として処罰される対象ではないことを意味するのではないだろうか。

訴訟にとっての最大の問題は、その理非である。公事裁許定には、先記の法規につづいて「一申分不レ立非拠之儀申族之事、於二其所一死罪又ハ籠舎事」とある。幕府が越訴を含む民衆の訴訟に対する対処は、まさにこの一点にあったのである。逃散に対する裁許もこの原則に基づいていた。一六七二年（寛文一二）甲斐国逃散も、九〇年（元禄三）日向国山陰《やまげ》逃散も、ともに百姓らの訴訟内容が不正であるから処罰したと、『徳川実紀』はまとめているのである。処罰されなかった逃散も多いが、それは正当な訴願であるか、不正とはいえない訴願であったからにほかならない。もっともだから幕府は公正だった、などと私は主張しているのではない。裁許は一方的に幕府が管理するのであるから、当然その領主的判断による裁許がなされるのであって、民主主義的な裁判ではないのである。

公儀と直訴

また、幕府による直目安受容を、幕府の温情主義的政策と考えることも正確ではない。この原則を作り出したのは家康・秀忠・家光の時代である。彼らは偉大な政治家であったから、民の意を汲み取るように努力した、などと政治家の個人的資質に還元することなどはもちろんできない。それは幕藩制国家という政治体制に由来するものである。

幕府は自らを「公儀」と称した。それは単なる最大の封建領主ではなく、日本の国家公権を担っているということを宣言したものである。国家公権である以上、大名ら封建領主相互に発生する問題、大名と領域の百姓との間で起こる紛争、あるいは村と村との間に生じる紛争を、調停・裁許しなければならない。もし国家がそれを果たすことができなければ、紛争当事者は、その解決を実力で果たさなければならない。大名同士の境界争い、勢力争いは、いくさという形で現れざるをえない。村と村との争いは、合戦相論《かっせんそうろん》あるいは喧《けん》嘩相論《かそうろん》とよばれる暴力的衝突で解決せざるをえない。領主と百姓との間では、武装蜂起に対する領主軍との間のいくさ、すなわち武装蜂起としての一揆が発生せざるをえないであろう。まさに戦国期の再来である。近世の政治体制は、それらを否定することによって成立した。

大名同士の争いは本書の課題ではない。村と村との間で利害対立が発生したとき、あるいは百姓たちと大名や旗本との間で紛争が生じたとき、彼らが実力行使する合戦相論や一揆に発展させないためには、百姓たちに訴えさせねばならないのである。村と村との間の争論で、互いの領主が異なったとき、その解決は幕府に訴えさせなければできないのである。百姓たちと領主の間で紛争が生じたとき、あるいは百姓たちと幕府の役人（代官など）との間に紛争が生じたとき、幕府へ直接に訴えることを認めなければ、国家公権としての幕府の役割は果たせないのである。それは当然トップである将軍への直目安を含めて認めなければ、システム的に完成されない。ただ、四代将軍以降は、江戸城の中に籠り、人々の前に現れなくなったこと、また政治システムとしても老中合議の体制が確立していくことから、政治的トップへの直訴は老中への駕籠訴《かごそ》が代替していくことになる。

江戸時代は暗黒の封建時代であるから、百姓の訴願などは認めるはずはないというような発想は捨てなければならない。封建社会であっても、国家支配を展開する以上、直訴権を含めた民衆の訴訟権を認めなければ、強固な支配体制は確立できないのである。

一八世紀以降の法的変化

一八世紀に確立していく百姓一揆に対する法規定は、次章で展開したい。ただ、ここでは越訴と逃散はその後どのように法的に処理されていくかを簡単に述べておきたい。越訴については、一八世紀になっても基本的に変わらない。一七九七年（寛政九）武蔵国幡羅《はたら》郡江袋村源蔵に対する判決文に、「右箱《はこ》訴《そ》又は駕籠訴いたし候段は不束迄に御座候」という一節がある。源蔵は箱訴や駕籠訴を繰り返したのだが、その訴訟行為は、不束迄《ふつつかまで》の行為、すなわち好ましくないが、それだけでは罪を構成することはないと判断されるものであった。

一方、逃散は公事方御定書のなかで頭取死罪などの処罰規定が決められ、百姓一揆の基本的形態の一つとして、その行為のみで厳しく処罰されるものへと変化した。この公事方御定書制定の過程で、一六四三年（寛永二〇）の年貢納入を条件に逃散を認めてきた規定との間の齟齬《そご》が問題となっている。そして「年貢さへ納候者《おさめそうらえば》、私之申分にても所立退不レ苦様《くるしからざるよう》心得候而《て》ハ、如何可レ有二御座一哉」という意見が採り入れられて、強訴と同様の処罰規定が決められていくのである。

まぼろしの代表越訴

ここまで読んでこられた年輩の読者のなかには、おかしなことをいう奴だ、百姓一揆に関する本を書きながら、佐倉惣五郎《さくらそうごろう》の話を知らないのか。惣五郎は将軍直訴《じきそ》したためにその身が磔《はりつけ》になったばかりか、子供まで殺された。将軍直訴は認められていたなどとんでもないことをいうな、という感想を持たれた方がいるに違いない。

佐倉惣五郎物語

若い人にも反発があるかもしれない。高校時代に使った教科書には、百姓一揆は代表越《おっ》訴《そ》から惣百姓一揆へ変化すると書いてあった。百姓一揆の基本的形態は越訴と強訴《ごうそ》であり、ともに厳重に処罰されたと教わった。それが違うというのか。間違っているのは保坂の方である、と考えられるかもしれない。

もっとも、この若い人のなかには、佐倉惣五郎という名前は聞いたような気もするが、よく覚えていない、という人がかなり多いのではないだろうか。私の大学のゼミは、近世の民衆運動を中心テーマとしているが、それを選んで来る学生でも、佐倉惣五郎を知らない人が少なくない。だから、まず佐倉惣五郎物語の概略を説明する必要があろう。

佐倉惣五郎とは佐倉藩の惣五郎という意味で、姓は木内であるとされる。また宗吾とも書かれることが多い。下総《しもうさ》国佐倉藩は堀田氏の領地である。加賀守正盛《まさもり》の時代には善政が行われたが、その子上野介《こうずけのすけ》正信は、藩政を家老たちに任せ切りだったので悪政が行われた。耐えかねた領民はついに一揆を準備するにいたった。その時公津《こうづ》村の名主である惣五郎は、村人たちをなだめ、村役人が訴願することを提案した。村役人らは佐倉で訴願し、受け入れられなかったので江戸藩邸へ門訴《もんそ》したのである。

この必死の門訴にもかかわらず、藩は惣五郎らの訴願を認めなかった。そこで惣五郎はほかの三人の名主とともに老中久世大和守へ駕籠《かご》訴《そ》した。この駕籠訴も認められず、訴状も下げ渡された。万策つきた惣五郎は、ついに将軍へ直訴することを思い立った。将軍への直訴は天下の大禁だから、成功しても失敗しても処刑されることは間違いない。惣五郎は妻子に最後の別れを告げるため、ひそかに国元へ戻ろうとした。

惣五郎たちが老中へ駕籠訴をしたことを知っている藩は、彼らが密かに国元に戻ったら、ただちに逮捕しようとして厳重な警戒をしいていた。特に印旛《いんば》の渡しは、暮六ツから明六ツまで船を鎖でつないで誰も渡れないようにしていた。それを知らない惣五郎は、印旛の渡し場へ来るが、船は鎖に繋がれている。惣五郎は密かに渡し守の甚兵衛を訪ね、船を渡してくれと頼む。甚兵衛は惣五郎の話を聞くと、百姓のために一命を犠牲にする惣五郎の義侠心《ぎきょうしん》に感動し、掟を破って惣五郎を対岸まで渡すのである。

甚兵衛の義侠で無事に渡し場を越えた惣五郎は、わが家へと戻り、妻子と最後の対面をする。惣五郎は縁座をさけるために妻に離縁状を渡すが、妻はそれを叩き返し、最後まで夫婦でありたいと惣五郎に願う。子供たちも起きてきてしばらく惣五郎と遊ぶのだが、日の明けないうちに家を出なければ、藩の役人に逮捕されてしまう。別れを惜しみ、泣きながら呼びかける子の声を後に惣五郎は、将軍直訴、すなわち死ぬための旅へと出立するのである。

将軍が上野寛永寺に参詣した時、惣五郎は直訴に成功する。訴状は佐倉藩に引き渡され、吟味の結果悪政が明らかになり、もとの仁政《じんせい》に復帰することとなった。しかし将軍直訴の罪は免れず、惣五郎は妻子とともに処刑されることとなった。もとより処刑されるのは覚悟のうえであった惣五郎夫婦であるが、いたいけな子供も処刑されると聞いて、子供たちの助命を嘆願したが許されなかった。惣五郎の伯父光然和尚も、助命嘆願をしたが、これも認められなかったので、光然は抗議の入水《じゅすい》自殺した。藩は惣五郎夫婦の目の前でまず子供から処刑したのである。この非道な対応に惣五郎夫婦は怒り、死後怨霊となって藩に祟《たた》ることを宣言するのである。

惣五郎が処刑されてから、佐倉の城内では毎夜惣五郎夫婦と光然の怨霊が出現し、藩主夫婦や藩士たちに祟っていく。身重だった藩主夫人は、この怨霊にのろい殺されるのである。そしてさらに藩主正信へと祟る。正信は気がふれ、幕府の許しも得ず、単独で国元へ帰郷するという事件を起こした。これは謀反の準備とも考えられる行為であるから、幕府は正信を改易《かいえき》した。この怨霊となった惣五郎夫婦の霊を村人たちは神社に祀った。それが宗吾霊堂のはじめである。

惣五郎物語の変遷

もっとも、最初からこのような物語であったわけではない。公津村周辺で伝承されていた内容は、文字に残されていないので定かではないが、藩と訴訟し、敗訴し処刑されたため恨みをのんで死んだ惣五郎の霊が祟りをおこすこと、百姓たちはその霊を鎮めるために祠《ほこら》に祀ったこと、その祠はいつしか将門《まさかど》山の「口の明神」であると考えられるようになったこと、という内容を含んでいたと考えられる。

この素朴な伝承が、物語としてまとめあげられる契機となったのは、一七四六年（延享三）に山形藩主堀田正亮《まさすけ》が佐倉に転封《てんぽう》されたことである。堀田氏は同姓の藩主に祟る惣五郎の霊を無視することができず、五二年（宝暦二）に百回忌の法会《ほうえ》を行い、「涼風道閑居士」という法名を与えた。惣五郎の祟り話は、藩に公認されることで一挙にひろがり、ほどなく何者かが潤色を加えて物語としてまとめあげた。七六年（安永五）に公津村の儒者湯浅充仙は、「惣五記」という物語が流布していることを書き留めている。ただ湯浅は、この「惣五記」の内容はみな誤りであると批判しているように、「惣五記」は創作性の強いものだったのである。ただ湯浅も、惣五郎が将軍へ直訴したとしている。

「惣五記」は現存しないが、おそらく「惣五記」をベースにして「堀田騒動記」と「地蔵堂通夜物語」ができたと考えられる。これが現在の物語の基礎をなしている。成立年代は、もっとも古い写本が一八一三年（文化一〇）であり、一八世紀末から一九世紀初頭にかけて作成されたものと考えられる。

しかし、惣五郎物語は、地元での物語形成で終わらなかった。一八五一年（嘉永四）、江戸中村座で「東山桜荘子《ひがしやまさくらぞうし》」が上演された。この歌舞伎は、惣五郎物語をもとにし、「修紫《にせむらさき》田舎源氏《いなかげんじ》」（柳亭種彦作の合巻）の筋を取り込んでいた。上演は大成功をおさめた。『藤岡屋日記』はそのヒットぶりを、「大評判大当りニて、栄東《えいとう》〱との大見物也」と書いている。あやかりの商売はいつの世でも出るものであり、「江戸中芝居も寄《（寄席）》も右狂言計《ばか》り也《なり》」という状況となった。また合巻や「くどき」も出版された。特に寄席では講釈師たちが、「宗吾物語の流行致し候ニ付、義民録と題号致、右講釈を致し」たという。百姓一揆の指導者で、物語が作られたり、顕彰されたりする人を義民とよぶが、そのような意味で義民という言葉が使われたのは、この『藤岡屋日記』の記述が最初である。

江戸で評判の芝居は、ただちに大坂にも持ち込まれた。翌年には「花曇佐倉曙」という外題《げだい》で上演されている。その後も「桜荘子後日文談」とか「東叡山農夫願書」などの外題で、さらに一九世紀末（明治三〇年代）になると「佐倉義民伝」という題が一般的となり、江戸（東京）や大坂はもとより全国各地で上演されたため、惣五郎物語は日本全国に広まり、国民的物語へと昇華したのである。

歌舞伎も惣五郎物語に改変をもたらした。老中駕籠訴が登場しないこと、藩主の妻は善玉として扱われるため、彼女に対する祟りがないこと、伯父光然の逸話が付け加えられたことなどがそれである。なお、歌舞伎では祟りで苦しめられた藩主は、最後には非を認め改心し、惣五郎を大明神として祀って終わる。当然のことながら、藩主が改易される場は存在しない。そして最大の改変は、惣五郎が将軍直訴を決意したあと国元に帰って妻子と最後の別れを惜しむ逸話、すなわち甚兵衛渡しと子別れの場が挿入されたことである。「佐倉義民伝」を代表するこの場面は、地元に伝承された話ではなく、地元で創作された話でもない。江戸の戯作者が創作したものなのである。

全国の義民たち

一八八三年（明治一六）に民権家小室信介は『東洋民権百家伝』を出版した。彼はその序のなかで、「されば官《おゝやけ》に抗し理《ことわり》を守りて、民の為に身を擲《なげう》ちたるもの、唯《ただ》かの佐倉宗五郎一人《ひとり》のみかは。他《ほか》に湮《うず》没《も》れたる人々の数多《あまた》なからずやは」と記している。惣五郎のように民のために幕府や諸藩に抵抗した人々はいないのか、いるはずであるからそれらの事績を明らかにしたいというのが、この著作をまとめた小室の意図だったのである。彼はその目的を果たし、全国各地の義民を紹介することができた。

そう、惣五郎のような義民は全国各地に存在するのである。その件数は、私が確認しえたもので約五〇〇件にのぼる。この義民たちの業績とその物語は多様なものがある。水争いや境界争いなど村と村との争いを、自村に有利に解決するために努力した人々、凶作に苦しむ百姓たちをみかねて蔵を無断で開放した人々、一八世紀以降の全藩強訴の先頭にたって奮闘した頭取たち、さらに幕末の世直し一揆のなかからも義民は出現している。

そして全義民の約三分の一を占めるのが、一七世紀後半を中心に、惣五郎のように苛政《かせい》に苦しむ村人たちの困難を背負って、幕府や藩に訴えた人々である。彼らの多くは、苛政を取り除くという目的は達成したが、直訴の罪によって処刑されたとする。このような人々の一部を簡単に紹介しておこう。一六三九年（寛永一六）小浜《おばま》藩京極氏の苛政、とりわけ大豆の納入制度の改正を求めてこの年以降度々訴願した若狭国新道村庄屋松木荘左衛門（長操）、六〇年（万治三）麦租徴収反対訴願を行った相模国関本村名主下田隼人、六六年（寛文六）出羽国屋代郷の幕領編入を求めた二井宿村肝煎《きもいり》高梨利右衛門、六七年（同七）旗本倉橋氏の苛政を訴えた上野国緑埜村名主堀越三右衛門、七四年（延宝二）旗本木原氏の苛政を訴えた武蔵国新井宿村名主酒井権左衛門ら六人衆、七七年（同五）助郷反対を訴えた三河国大浜茶屋村庄屋柴田助太夫、八一年（天和元）沼田藩の苛酷《かこく》な政治を訴えた上野国月夜野村杉木茂左衛門と政所村名主松井市兵衛、八二年（同二）庄屋の不正を訴えた信濃国入奈良本村の増田与兵衛、八八年（元禄元）村の救済策を訴えた土佐国田野々村庄屋高橋安之丞らがこのタイプの義民である。なお、六六年（寛文六）に減免を求めて巡見使に訴願したのは、丹波国船井郡仏主《ほどす》村百姓妻こんであったとされる。

代表越訴

このような義民物語は、百姓一揆に関する一つの概念を生み出した。それは「庄屋層指導の代表越訴《おつそ》型」の一揆という概念である。一九五〇年代に堀江英一によって提唱された概念であり、それは定説として定着し、高校日本史教科書にも記載されている。たとえば、もっともシェアの高い山川出版社の『詳説日本史』では、「一七世紀後半からは村々の代表者が百姓全体の利害を代表して領主に直訴する一揆がふえ（代表越訴型一揆）」とあり、重要事項として代表越訴型一揆はゴチックとなっている。さらにこの代表越訴型一揆には注が付され、「下総の佐倉惣五郎、上野の磔茂左衛門のように、伝説的な一揆の代表者が義民とされることが多かった」とあり、義民とともに理解するように配置されている。なお、堀江は第二の類型として惣百姓一揆、第三の類型として世直し一揆を設定し、百姓一揆は代表越訴型から惣百姓一揆、世直し一揆へ発展するとしている。

しかし、今までの検討から、幕府の法体系と義民物語の主要な部分が矛盾していることが明らかとなった。この時代の義民は越訴した罪で処刑され、その死を悼む気持ちと、死者が怨霊となって害をなすことへの恐れから、彼らは義民として顕彰されてきたというのが義民物語の核心であるからである。しかし越訴することによっては処刑されないことが明らかな以上、義民物語への全面的な再検討と、それによって導き出されてきた代表越訴時代という認識の再検討が必要なのである。

義民物語の再検討

一七世紀後半の義民物語で描き出された百姓一揆は、その事実を記録した同時代の史料が皆無のものが圧倒的に多い。だから、残念ながら史料と物語を比較検討できないのである。従来の百姓一揆研究は、史料は残っていないが、義民の話は人々の間で伝承されてきたのであるから、誇張などはあるにしても、話は真実をかなり反映しているものと認め、それをもとにして一揆像を描き出したのである。しかし、惣五郎物語の例でもわかるように、義民物語は伝承とは異なり創作された側面が強いものなのである。

創作されたものであるがゆえに、義民物語には歴史的事実として認めにくい要素が多くある。惣五郎物語については、古くからその物語の虚偽性が問題となっていた。一九一九年（大正八）に雑誌『日本及日本人』は義民特集号を発行するが、三田村鳶魚《みたむらえんぎょ》は「疑問の佐倉惣五」を執筆している。三田村鳶魚が疑問とした点は多岐にわたるが、その主要なものをいくつか紹介しておこう。

鳶魚は惣五郎が他の義民より傑出した存在と考えられるにいたったのは、将軍直訴のためであると考えていた。当然批判の第一は、この将軍直訴へ向かう。物語では、惣五郎は上野寛永寺へ廟参の途中、三枚橋の下に潜んでいて直訴に成功したとする。そこで鳶魚は将軍家綱が寛永寺に廟参したかを問題にする。一六五一年（慶安四）から一六五三年（承応二）までの廟参を検討し、そのいずれもが老中の代参であったことを明らかにして、「将軍に直奏といふことが明白に虚誕である」と結論づける。

第二は老中久世大和守への駕籠訴を問題とする。駕籠訴の相手である久世について検討を加えるが、久世は当時「御小姓番頭」であることを明らかにして、「当局を差置て幕閣の大臣に訴へるから越訴なのである。しかし政治上に無力な御小姓などへ訴へて何にするのか」と主張する。さらにこの駕籠訴後惣五郎らが両国橋の茶屋に集まったことをも問題とする。なぜなら両国橋は一六六〇年（万治三）に架けられたのであり、当時橋がなかったこと、またこの周辺が賑やかになりはじめたのが一七五〇年代であることを明らかにする。だから駕籠訴後、惣五郎らは両国へ集まりたくとも集まれなかったのであるという。

また怨霊についても問題とし、物語では堀田正信夫人が怨霊により呪い殺されたことになっているが、「正信の室は松平隠岐守の女で、元禄五年（一六九二）二月三日に逝去した、明暦元年（一六五五）に長子豊前守正休が出生して居る、暴死の事は全く形跡もない」とあり、それを否定する。考証史家鳶魚の面目躍如たるところであろう。

もちろん、そのような事実を知ったうえで、惣五郎一揆の可能性を追求する努力もなされた。児玉幸多の『佐倉惣五郎』はその代表的な著作であろう。児玉は二つの史料を紹介する。その一つは東勝寺所蔵の公津台方村の名寄帳に惣五郎分という記述があり、面積三町六反、石高二六石九斗三升の村第二の持高の百姓であったこと。また万治三年の郷部村の割付状に裏書があり、そこには「右表書之御成ケ、地頭取付高免ニ付、高ニ弐分引下ケ御赦免被レ成候間、村中百姓不レ残立合勘定可レ致者也」とある。この年堀田は改易されたのであるが、後を受けた幕府代官は堀田の免が重いことを認め、二分減免したことを示している。だから一揆の起こりうる背景が存在するというのである。児玉の努力は、公津村に惣五郎という人物が存在したこと、佐倉藩で百姓一揆が起きてもおかしくない状況であることを証明したが、そこで起きた一揆が代表越訴型であることの証明にはなっていない。

惣五郎物語は、老中駕籠訴、将軍直訴の両者について、具体的に描写をしている。実は代表越訴型義民物語のなかではこれは珍しい例なのである。その多くは幕府へ訴願したというたぐいの漠然とした話となっている。藩主に駕籠訴したという対象と形が明確なものでも、その駕籠訴をどのように行ったのか、藩主はどのように対応したのかというような具体的なエピソードは含まれないことが多いのである。一七二〇年（享保五）紀伊国高野山領戸谷新右衛門の越訴について、小室信介は、

新右衛門はこれに籠訴なせしとも、又寺社奉行に出訴したりとも云へり。この際には種々の奇談もありたるなるべし。又新右衛門の義気胆力を見るべき事歴も多かりしなるべしと雖《いえど》も、惜《おし》い哉《かな》口碑記録とも湮滅《いんめつ》して存するものなし（『東洋民権百家伝』）

と記述しているが、これは戸谷に限らずすべての義民に共通する特徴なのである。それは、これらの義民物語のもとになっていた伝承が、越訴の逸話を伴っていなかった可能性を示唆していると思われる。

強訴から越訴へ　実は異なった闘争形態であったものが、義民物語のなかで越訴に作り替えられた事例がいくつかある。

さてもサァエー　兵内覚悟を極め、次第の一々願書に封じ、恐れ多くも将軍様の、御成先にて御駕籠訴せんと

これは、一八六三年（文久三）に義民兵内の百回忌が営まれたが、その際に中沢喜雄が作った「関兵内くどき」の一節である。兵内とは、一七六四年（明和元）に武蔵国で起こった伝馬騒動とよばれる一揆の頭取であり、獄門に処された人物である。この伝馬騒動とは、幕府が中山道ぞいの村々に加助郷を命じたことに反対した一揆で、百姓一揆史上でも最大規模の動員がなされ、幕府の関東郡代の家臣に強訴し、その後大規模な打ちこわしが行われたものである。にもかかわらず、「くどき」は兵内が大勢集まった百姓たちを押しとどめ、将軍に直訴するために単身江戸に向かったとしているのである。兵内の越訴物語が創作されたのである。

このように強訴のような大衆動員を伴う一揆を、義民が越訴する物語に改変されたことが確認できる事例は、この伝馬騒動にとどまらない。一六八六年（貞享三）信濃国松本藩加助騒動をはじめ、一七三三年（享保一八）丹波国福知山藩強訴、同年丹後国田辺藩強訴、三八年（元文三）摂津国旗本青山氏領逃散、四九年（寛延二）常陸国笠間藩強訴、五六年（宝暦六）能登国金沢藩打毀《うちこわし》、九一年（寛政三）下総国幕領立木村騒動、一八一六年（文化一三）駿河国田中藩強訴、一七年（同一四）常陸国生板村門訴、二三年（文政六）陸奥国仙台藩丸森村強訴、四九年（嘉永二）播磨国龍野藩強訴打毀、六四年（元治元）美作《みまさか》国津山藩逃散と多数ある。調査を進めれば、その数は増えると思われる。

これらの百姓一揆は、一揆の内容を知ることができる史料が残されていたので、物語と現実の一揆の違いが判明した。史料が残されていない一七世紀後半の義民物語も、このような改変が加えられたものではないとは言い切れないのである。以上のことから私は、高校の教科書にも取り入れられている代表越訴という百姓一揆の形態論、それに基づく百姓一揆の時期区分論はまぼろしであると考える。

このことは、義民物語は歴史学の対象にならないと主張するものではない。一八世紀末から全国各地で義民顕彰活動が展開し、そのなかで義民物語も生まれてくる。その背景にはどのような問題が存在するのであろうか。また、なぜ越訴型の物語が出現し、その代表である惣五郎物語は人々に受け入れられたのか、などという問題を考察することは、幕藩制解体期から近代にかけての社会意識、その基盤となる農村状況などを理解するうえで重要なテーマであると考えている。義民物語や義民顕彰の研究は、その対象となった義民が数多く出現する幕藩制成立期を考えるものではなく、近世社会の解体と近代の成立を考えるための研究なのである。

徒党の成立と定着

一七世紀後半の民衆運動を、代表越訴《おっそ》型一揆の時代とみることはできないことを明らかにしてきたつもりである。ではこの時期の運動はどのようなものであったのであろうか。また私は、一七世紀を通じて直目安《じき》（越訴）や逃散《ちょうさん》が展開しているが、幕府・諸藩はそれらの行為を非合法な行為と考えていなかったこともみてきた。では、幕府諸藩は民衆の抵抗行為を無警戒で認め、まったく統制を加えなかったのであろうか。もちろんそんなはずはない。近世社会のなかで生まれてきた民衆運動の芽を摘み、百姓たちの異議申し立ての行為を、彼らが許容する合法性の枠内にとどめようと努力したはずである。このような目でみたとき、一七世紀半ばから後半にかけて注目できる一つの用語がうかびあがる。それが徒党《ととう》である。

徒党とは何か

一七三一年（享保一六）甲斐国巌村の五人組帳前書《ごにんぐみちょうまえがき》（以下前書と略称する）には、次のような徒党に対する禁止条項がある。

一悪事を企《たくらみ》神水《じんずい》を呑、誓約を以《もって》一味連判、何事に依らず一列徒党ケ間鋪義仕間《かましきぎつかまつりま》敷候《じくそうろう》、若於二相背候一者《もしあいそむきそろにおいては》不レ論二理非一《りひをろんぜず》可レ為二曲事一《くせごとたるべく》候事（穂積重遠『五人組法規集』）

徒党とは、起請文《きしょうもん》（神文《しんもん》）をとりかわして誓約し、そこに一味連判したうえで、神水《じんずい》（起請文を燃やしてその灰を廻し飲みすること）をして一列した集団であるというのである。この起請文・神水などの意味については、「百姓一揆の作法論」の章で展開することにしたい。

引用した穂積の著作は、全国の前書を収録した唯一の史料集で、一六一一年（慶長一六）から一八七二年（明治五）まで四一六件が収録されている。前書の徒党禁令には二種類ある。一七五〇年（寛延三）に幕府が出した徒党禁令の条文をそのままか、要約したものと、その他の禁令条目である。五〇年以降の前書には両者を収録しているものが圧倒的に多い。

前書のなかには徒党禁令条目が含まれないものもあり、五〇年令以外の禁令条目が記載されているのは二七四件ある。この禁令条目は多様であるが、約一〇〇パターンほどに分類することが可能である。徒党規定には、厳村のように誓約・神水・一味連判などの行為とともに記載されているものと、「何事によらす徒党ケ間鋪儀仕間敷」というように、これらの行為が記載されていないものにわけられる。前者は三六、後者は二五パターン存在する。この数値から判断できることは、徒党形成のうえで誓約・神水・一味連判などの行為は不可欠なものではないが、徒党と判断するうえで重要な指針となる、主要な構成要素であるということである。とすると、前書のなかに徒党という文言は含まれないが、神水・一味連判などを禁止している条目は、実質的な徒党禁令であるといってよいであろう。このようなパターンは二一存在している。残りは徒党・強訴・逃散が列記されるタイプで、幕府が徒党禁令を整備した一八世紀後半以後に作られた条目であるが、このパターンは一五ある。

徒党禁令はいつだされたのか

では前書の徒党禁令条目の前提となる徒党禁令を、幕府はいつ出したのであろうか。徒党ということだけでみればしごく簡単である。『御触書寛保集成』の一号は一六一五年（慶長二〇＝元和元）の武家諸法度であるが、そのなかに「一於㆓隣国㆒企㆓新儀㆒結㆓徒党㆒者有㆑之者早可㆑致㆓言上㆒事」とある。この武家に対する徒党禁止は、以後元和三年（一六一七）令に引き継がれ、その後も繰り返される。もっとも宝永七年（一七一〇）令だけには存在しない。あるいは『寛保集成』の九号は「御条目之部」の第一号であり、一六三二年（寛永九）に出された諸士法度《しょしはっと》であるが、そこには「一徒党をむすひ、或はかたん或は妨をなす儀、堅停止之事」とある。しかし身分制社会である幕藩制社会にあって、武家（大名）あるいは侍（旗本・御家人）に出されたこれらの徒党禁止条項が、百姓の一揆的結合に適用されたと考えることはできない。

民衆に対して出された法規のなかに徒党文言がみられる最初の事例は、一六二二年（元和八）の「京都町中可レ令二触知一条々」に「一、諸商売之事、（中略）惣て就二諸事一結二徒党一起請文を書事は、先規堅被レ停二止之一訖」（御当家令条二五六号）というものがある。民衆にあてたものではあるが、やはり身分制社会の法原則からみて、京都町中にあてたこの法が百姓に適用されたとは思えない。

問題は百姓の一揆的結合に対する禁令がいつ出されたかであるが、実はこれを決定することはきわめて困難である。前書で徒党文言を伴う最初の事例は、一六三九年（寛永一六）越前国敦賀藩江良浦のものが一番古い。もっともこれは敦賀藩領のものであり、幕領のものとしては一六九三年（元禄六）越後国上美守郷を待たなくてはならない。

一六四五年（正保二）に和歌山藩は、「一、結二徒党一起請文をかき神水をのみ一味同心仕候儀公儀之御法度也、如レ此《かくのごとき》輩ハ縦《たとい》道理有共可レ為二罪科一事」（平山行三『紀州藩農村法の研究』）という禁令を出した。御三家とはいえ私領の法であるが、その文言のなかに「公儀之御法度也」とあることに注目したい。この「公儀」は文脈から幕府を指すとしか考えられないから、この法は幕法をうけて成立したということになる。幕府はこれ以前になんらかの形で徒党禁令を発布したが、現在は失われているのである。もっとも『寛保集成』編集時に、すでに幕府が忘れてしまった法である。一六四七年（正保四）に美濃国の代官が、「一不レ寄二何事一《なにごとによらず》ニ徒党を立、神水抔《など》仕り、一味同心致候儀、堅ク停止、并自在不届もの有之《これあり》候ハヽ、前廉より内証此方へ可二申聞一候事」（御代官所百姓中え申渡ス覚）という法を出している。先にみた三九年の敦賀藩五人組帳も、この失われた幕法を受けて成立したと考えることも、時期的にみて可能であろう。とすると幕府の徒党規定は、寛永年間から正保年間（一六二四〜一六四八）に確立したと考えることができる。

もっとも、徒党の主要な構成要素である神水などの行為を禁止するのは、それよりはやく現れる。堅田精司は次の史料を紹介している（「幕府の農民闘争取締法」『日本歴史』一七五号)。

於二何事に一も神水をのみ申儀堅《かたく》御法度に被二仰出一候。其村之儀者不レ及レ申、隣郷たりといふとも聞付次第に即刻可二申届一事

堅田は「幕府代官小沢休務が、元和六年四月に所轄下に出した『定条々』には（以下史料引用）といった条項がある」とのみ述べていて、出典も明らかにされていないので、この法令の性格を詳細に知ることはできない。はたしてこれが全国に布告された法なのか、それともこの代官所限りの法なのかについては、慎重な検討が必要であると考える。

徒党禁令はいつごろ定着するか

では、幕府・諸藩が現実に展開している百姓らの運動を、徒党としてとらえるのはいつからであろうか。『編年百姓一揆史料集成』には、一五世紀末から一六世紀初頭の天正・慶長年間の土豪一揆や水論を徒党と表現しているものがある。しかし、それらはいずれも後世に記録されたものであり、事件当時の認識とはいいがたい。

一六二七年（寛永四）に陸奥国三春で「農民徒党をむすび、大善寺山に籠れる」という記載がある。しかし、この事例を「徒党」とみなされた最初の事例とするには、慎重でなければならない。それは第一に、『徳川実紀』という後世の記録であり、当時の認識をそ

のまま反映しているのかどうか疑問がある。第二に、事件は会津藩主蒲生忠郷が世継ぎなく死去したため、内藤氏が三春在番を命じられて赴いた時に起きたものであり、内藤氏は山に籠る九〇人余を「生捕」としたため、残党は逃亡したものである。山籠りしたのは農民とあるが、事件の起きたタイミングからみて、土豪一揆的な事件であった可能性が高いのである。

事件と同時期に記録されたもので、徒党の記載があるのは、翌二八年（寛永五）下野国薬師寺村の目安闘争である。『梅津政景日記《うめづまさかげにっき》』に記載されたこの事件については、すでに簡単な説明をしておいたが（本書四三ページ）、肝煎を排除した小百姓らの減免訴訟である。さらに編さん史料ではあるが『会津藩家世実紀』は、三八年（寛永一五）出羽国の第二次白岩一揆を徒党ととらえている。このことから考えれば、寛永年間に幕府・諸藩は百姓たちの行動を徒党としてとらえ、これを規制しはじめたと考えてよいであろう。

天草・島原一揆の解体によって一揆が終焉する寛永期に、幕府・諸藩は新たな民衆運動を徒党としてとらえはじめていることは興味深い。幕府・諸藩の認識から見た場合、幕藩制下の民衆運動は、一揆から徒党へと変化したのである。

一六四六年（正保三）に備前国浅口郡鴨方村で起きた庄屋と百姓の訴訟事件を、岡山藩

は徒党とみなし二八名成敗という厳しい処罰を加えている。その処罰理由は、

子細ハ庄屋と公事仕、まけ候と有事計ニてハ無之候、大勢とたう《(徒党)》をくミ、其上郡奉行共よひに遣候時も我まゝを申不参候（『池田光政日記』）

であった。公事《くじ》訴訟に敗訴することが、成敗につながっていることは先に見てきたとおりである。しかし彼らの罪はそればかりではなかった。徒党の罪が、刑罰をいっそう重くした。二八人処刑という厳しい処罰は、この徒党の罪という新たな刑罰の導入によるものであったと推測される。もちろん、郡奉行の呼出しに応じなかったということも、罪を重くしたであろうが。岡山藩は、従来の訴訟の正否による処罰のほかに、徒党という新たな民衆運動を押さえ込む手段を手に入れたのである。

一六五〇年代末の万治年間となると、徒党という考えは定着しはじめる。五八年（万治元）肥後国宇土郡網田村の百姓は、惣庄屋との公事に敗訴し、四人が誅伐された。熊本藩が示したその処罰理由は、「御法度之とたう《(徒党)》を催、剰《あまつさえ》惣庄屋ニ申かけを仕」（「誅伐録」）という点に求められた。翌年上野国利根郡沼田藩須川村の百姓が死罪に処された。その闘争内容は明確ではないが、年貢の計り方に関する訴訟であったらしい。沼田藩も百姓たちを処罰する理由を、「第一之法度徒党を企《くわだて》」（梅沢家文書）に求めていた。肥後と上野とい

うかけ離れた土地で、ともに「法度の徒党」という認識が成立していたのである。

もちろん、徒党という意識が、人々にすんなりと受け入れられたわけではない。中世社会では、神水《じんずい》などによる集団の形成は、民衆運動の基本的作法であったからである。

一六五六年（明暦二）から六〇年（万治三）にかけて、出羽国新庄藩領中渡村で名主と百姓の対立による騒動が発生した。この騒動は、藩主戸沢氏と家臣片岡理兵衛の対立もあって複雑な展開をみせている。理兵衛は中渡村の名主を罷免して解決しようとした。罷免された名主が藩に訴えたので、藩は戸沢伝右衛門に再詮議させた。だが戸沢の詮議に対し、百姓たちは「両三度迄召寄《めしよせ》候へ共《ども》不参」、「新城へ呼寄《よびよせ》ても我まゝ申罷出《まかりいで》ず」という形で抵抗した。戸沢は百姓五・七人を捕らえ籠舎に処した。片岡はこれに反発し藩主に百姓の解放を求め、百姓たちも藩主鷹野先へ直訴した。藩主はこの直訴に対して「大勢徒党仕直訴訟致し候段、以来仕置之ために候間、右之百姓共之内頭分者、一人籠舎致させ候様ニと申付」たが、片岡は反発し、「右百姓共神文血判一度ならず四度迄仕、一味同心致候内を、壱人成共《なりとも》申付儀遠慮ニ存候、強て申付候はゝ、我等（藩主をさす）ため悪しく可有之《これあるべく》」と進言しているのである（「新庄古老覚書」）。片岡という家臣には、一味同心している百姓たちの行為は尊重されねばならず、それを徒党として処罰することは不当であるという認識が存在していたのである。

徒党とみなされた諸闘争

いうまでもなく、徒党とは闘争の基盤となる組織を示す概念である。それゆえ、徒党とみなされた闘争の規模・内容などは多様である。第二次白岩一揆のような大規模な闘争から、一村単位の減免訴願、村方騒動、対大庄屋訴願まで含まれている。大規模な一揆としては、例示した白岩一揆のほかに、一六六七年（寛文七）の能登国加賀藩領浦野事件も含まれている。この浦野事件とは、加賀藩の給人長氏とその家臣浦野一族との抗争と、百姓らの検地反対闘争が絡まった事件である。この百姓の検地反対闘争は十村（他領域の大庄屋に相当する）道閑を中心に徒党が形成されているように、村役人、村落有力者が闘争を担っている。また、八二年（天和二）因幡国鳥取藩領で御蔵奉行の非違を追及した訴願闘争が展開するが、「結二徒党一奉行人ニ非分申かけ」たとして処刑された五人は、二人の大庄屋、一人の庄屋、二人の組頭であった。このように村役人や村落有力者を中心とした徒党も存在した。

一方、肝煎を排斥して減免訴願した一六二八年下野国薬師寺村の事例のように、一村規模で小百姓主体の闘争もあった。中渡村の村方騒動も、その主体は小百姓と考えてよいであろう。従来、一七世紀後半は代表越訴型一揆の時代とされ、小百姓層は闘争主体となるまで成長しておらず、村役人層が彼らの意志をも代表して闘争したとされてきた。しかし、小百姓たちは、この時期の徒党の主要な担い手であったのである。

五人組前書で規定された徒党

一六九四年（元禄七）播磨国二十ヶ村新田の前書には、「対二公儀一一味徒党儀堅《かたく》仕間敷《まじく》候」とある。また、一七一二年（正徳二）摂津国兵庫津の前書には、「若《もし》於二他領一対二公儀一結二徒党一儀有レ之は早速奉行え可二告知《つげしらすべし》一」とあり、ともに幕府に反抗する徒党が形成されることを禁止している。しかし、徒党が幕府のみならず藩などの領主に向けて形成されることを明記しているのは、前掲穂積の史料集のなかでこの二つしかない。前書における徒党は、村内での公事出入を想定するものが圧倒的に多いのである。

前書のなかでは、徒党や神水文言《じんずいもんごん》は、訴訟方法との関連で記載されることが多い。そこで問題とされている訴訟方法は二つある。一六九三年（元禄六）越後国里五十公郷村々の前書には、徒党を禁止する文につづき、「惣而《すべて》申分有レ之者当人斗《ばかり》可二申出一、他所之出入は不レ及レ申、身不レ掛義一郷壱村之儀たりといふとも一切取持申間敷事」とある。他村や村内で自分に関係しない訴訟事を斡旋して徒党を形成することを禁止し、関係者のみが訴訟するようにとしている。ここで意識されている訴訟が対領主の訴訟とは思われない。

もう一つのタイプは、庄屋ら村役人の統制を離れて訴訟のために徒党を形成することを禁止するものである。一七一一年（正徳元）近江国南比都佐村の前書には、訴訟は庄屋・年寄が行うべきであることをのべて、「惣而《すべて》背二役人一並庄屋之申付を不用出入之荷担腰押徒党がましき儀相企」ことを禁止している。また三七年（元文二）美作《みまさか》国種村の前書の徒党禁止の条目には、「勿論訴訟人非儀を申立、庄屋奥印無レ之訴状願書」を差出す行為を禁止している。

このようにみてくると、幕府・諸藩が統制しようとした徒党行為は、とりわけ第二のタイプに明らかなように、小百姓を主体としたものであった。それは一六二八年（寛永五）下野国薬師寺村の訴訟行為が、「肝煎ニも談合不レ申」形成した徒党によってなされたことに照合している。次のような事例も存在する。九三年（元禄六）に河内国丹北郡三宅村百姓が、小作料のことにつき徒党して旗本屋敷へ出訴した。旗本は一町につき二人ずつ手錠という処罰を加えているが、その理由は「御公義様ゟ兼《よりかね》テ被二仰出一候五人組御法度書ニ相《あい》背《そむき》」（妻屋家文書）というものであった。前書の徒党禁令条目に違反することを理由としためずらしい判決事例であるが、同時に前書が統制しようとしたものが、どのようなものであったかを示す事例であるともいえる。

全藩一揆の成立と百姓一揆禁令

百姓一揆の成立

全藩一揆の成立

加助騒動

一六八六年（貞享三）一〇月一四日、松本城下は前代未聞の大騒動に見舞われた。領内の百姓たちが陸続《りくぞく》として城下に押し寄せたのである。それは「膝の上に膝を重て尺寸の明地《あきち》もなく、雲霞の如く充満せり」（「郷中訴訟之事控」）という状況であり、あまりにも多人数であったため押されて堀川へ落ちる人もいた。

松本藩では年貢を籾《もみ》で納めていた。この籾を玄米にしたとき残る量を摺《すり》歩合という。松本藩では一俵三斗摺であったが、一揆の年には三斗五、六升摺が求められており、それを高遠《たかとお》・高島両藩並みに二斗五升にしてほしいというのが中心的要求で、他に四ヵ条あった。城下に入った百姓たちは、訴状を藩に提出するとともに、籾挽《もみひき》屋が玄米になる量が少ないと言ったことが原因となって藩の収奪が強化されたと考え、六軒の籾挽屋を打ちこわした。経験したことのない事態に直面して藩は狼狽《ろうばい》した。最初、城下に来た百姓に宿を貸してはならないと命じ、翌日になるとそれを許可するという朝令暮改ぶりであった。藩は百姓の要求を容れるしかなかった。まず三斗摺での納入を認め、それでも百姓らが帰村しないので、二斗五升摺を認めたのである。

もっとも、一一月になると江戸の藩主からの指示もあり、「五ケ条之願、新法ニ申付候儀は無レ之」という理由で全面的に否定し（摺歩合は三斗とする）、頭取たちを逮捕し処刑した。その処罰は磔《はりつけ》八、獄門二〇という厳しいものであった。

ただ、藩は彼らを処罰するにあたり、その根拠を求めることに苦心したに違いない。なぜならば松本藩はもとより幕府にも、この百姓たちの新たな闘争に対応する法が存在しなかったからである。頭取たちに対する判決文は残されていないが、一一月付の「覚」は、処罰の理由を次のように記している。

剰《あまつさ》へ公義御法度之《ごはっとの》一味一同《いちみいちどう》をいたし、并同心不レ仕村々へは付火可レ仕之《つけびつかまつるべきの》旨《むね》申触、城下の町屋へ入、我まゝをいたし、衣類等をぬすみ取の仕方重罪至極（「信府統記」）

一味一同とは徒党をさしている。前章の「徒党の成立と定着」の節でみてきたように、本来は対象の異なる徒党禁令を適応するしかなかったのである。それに一揆に動員するための付火の脅迫文言を問題とし、打ちこわしを盗みに描き出して、上記のような厳しい罪科に処したのである。

この松本藩一揆は、磔にされた頭取中萱村《なかかやむら》加助《かすけ》の名をとって加助《かすけ》騒動と通称されている。加助たちは後世の人々によって義民として顕彰されてきた。この顕彰の過程で、加助たちが越訴《おっそ》を計画していたとする物語が生まれた。この物語の影響を受け、地元の研究者のなかには、加助騒動を越訴型一揆としてとらえる人もいるが、上述したように、この一揆の最大の意味は、百姓が集団で城下に押しかけたこと、すなわち強訴とよばれるようになる闘争形態の最初の事例であることである。言葉をかえて言えば、集団的で非合法な訴願闘争である百姓一揆が生まれたことを意味する。

水戸藩宝永一揆

一七〇九年（宝永六）一月二三日、こんどは江戸の住民がおどろかされた。三五〇〇人の水戸藩領の百姓が、「破衣類に蓑笠《みのかさ》を着し、棒を突」きながら、大声で「水戸藩御領百姓共、御願申上度《たき》儀御座候て罷登《まかりのぼり》候」と叫びながら、藩主の駕籠《かご》を追いかけているからである（「宝永水府太平記」）。残念ながら、百姓たちは駕籠に追いつくことはできなかった。そこで翌日、一五〇〇人の集団で支藩の守山藩門前に出訴した。門訴《もんそ》である。三人の惣代が水戸藩邸に送られ、訴状は受けとられた。実は水戸藩の百姓は一月の初めから江戸に出て来ており、一六日にはやはり守山藩邸に門訴したが却下されていたのである。

この一揆の原因は、水戸藩宝永改革に求められる。財政窮乏に陥った藩は、浪人であった松波勘十郎を登用し、彼を中心とした藩政改革を展開した。特に百姓らの怨嗟《えんさ》の的となったのは、新川堀と呼ばれる運河の開削にかりたてられ、満足な給銀も支払われなかったことであった。百姓たちは、改革の中止と松波の罷免を要求した。

藩は、惣代上吉影村藤衛門らの吟味等を通じて、二八日に再度駕籠訴が計画されており、それを止めることができない状況であることを知った。藩に残された道は全面屈服しかなかった。二七日、藩の役人が馬喰丁《ばくろちょう》の宿に赴き、松波親子を逮捕し、改革は中止することを告げた。また藩は、百姓を一人として処罰することができなかった。一揆は完全な勝利で終わったのである。

この一揆でも百姓たちは、集団を形成し、その集団の力で藩に要求を受け入れることを強いたのである。加助騒動の場合は、その集団は城下へ押しかけるという形をとったが、水戸藩では江戸に出て、支藩邸への門訴、藩主への集団による駕籠訴という形であらわれた。それは、水戸藩が江戸に比較的近く、また藩主が江戸に定府している、という地理的・政治的要因によるものであり、本質は同一であった。

この水戸藩宝永一揆の歴史的意義を、惣代藤衛門が藩の吟味に対する答のなかでいみじくも指摘している。

御領内不残大勢御訴訟

御国元ニて二ヶ村とも一味仕《つかまつり》、御郡方、御代官方成共《なるとも》かやうに御訴訟申上候義ハ曽て以不レ承《うけたまわらず》、然《しか》る所ニ此度《このたび》御領内不レ残《のこらず》大勢御訴訟ニ御当地迄罷上《まかりのぼり》候、偏《ひとえ》に両人衆御改革として御上ニハ御不益、百姓ハ困窮仕候段可レ申様も無二御座一候、

（「松波記事」）

藤衛門がいうには、それ以前水戸藩領では二ヵ村と合同して訴願を行ったことがない。しかし今度の訴訟は領内のすべての村が参加して起こしたものである。それは偏《ひとえ》に松波勘十郎と清水仁衛門の行っている改革のせいであり、藩のためにもならず、百姓たちを困窮に追い込んでいるのだ。

もとより二ヵ村と連合することはなかったというのはオーバーな表現であるが、前章でみたように、一七世紀半ばまでは全国的にも一ヵ村か数ヵ村で目安・逃散などの抵抗が行われていた。それが一七世紀末から一八世紀にかけて、全領域にわたる運動へと変化する

のである。

なぜこのような変化が生じるのであろうか。それは全国各地の藩で、初期藩政改革が実施され、それまで給人・代官あるいは大庄屋・庄屋に与えられていた自己裁量を否定し、領内での統一的農政が展開されるようになった。ここに藩権力が確立していくが、安定は長くつづかず、財政窮乏を収奪強化で乗りきろうとする政治が展開する。いうまでもなく、この政治は領内の特定の地域を対象とするものではなく、領内全体に統一的に実行されるから、共通の利害を持つ村々が連合して、全藩的な抵抗を展開する。それが非合法な形態をとったとき、全藩一揆となって表われることになる。加助騒動は、一俵三斗五、六升摺という藩全体の年貢収奪強化策に対して、年貢を金納していた山間部を除いた全領の村々が結集して松本城下に集結した。水戸藩宝永一揆では、松波による改革政治に反対し、全領域の惣代たちが江戸に集結したのである。

このような全藩一揆は、加助騒動と水戸藩宝永一揆にとどまらない。この間にも、一六九八年（元禄一一）美作《みまさか》国津山藩、一七〇二年（同一五）陸奥国守山藩、同年日向国高鍋藩、〇八年（宝永五）備後、安芸国広島藩で強訴型の全藩一揆が発生している。

宝永一揆後にも、翌一〇年（宝永七）越後国蒲原郡八五ヵ村が、村上領への編入を拒否した闘争が起きている。この闘争は藩政に抵抗したものではなく、また訴願方法も老中駕籠訴という、非合法的手段をとったわけではないが、起請文を取り交して徒党を形成し、年貢を不納するという集団的な抵抗を展開した、全藩一揆に準ずるものと考えることができよう。さらに一七一一年（正徳元）には安房国北条藩の百姓ら六〇〇人が、川井藤左衛門らによる収奪強化策に反対して藩邸に門訴し、川井を打首に追い込んでいる。その翌年には加賀国大聖寺藩で減免を求める強訴が起き、加助騒動と同様に打ちこわしも行われている。

享保の諸一揆

中国地方を席巻する一揆

元号が享保に変わると、全藩一揆はいっそう頻繁に発生するようになった。とりわけ中国地方に集中的に発生した。主なものだけを取り上げても次のようになる。一七一六年（享保元）石見国《いわみ》浜田藩では、旱魃《かんばつ》による凶作から春定《はるぎめ》とよばれる年貢事前割当制の容赦を求めて城下に強訴《ごうそ》し、五年間の容赦を勝ち取った。翌一七年二月には伯耆《ほうき》・因幡《いなば》国鳥取藩で減免・救米を求めて城下へ強訴し、一二月には備後国福山藩と周防《すおう》国岩国藩で減免を求める強訴が起きた。

一八年（享保三）になると備後《びんご》国三次《みよし》藩とその本藩である広島藩の備後・安芸両国で連続的に一揆が発生した。三次藩の一揆は、水戸藩宝永一揆の原因となった松波勘十郎が、三次藩で行った藩政改革に対決したものである。この改革による収奪強化に悩まされていた百姓は、一七年の凶作により困窮の度を増し、一揆に立ち上がったのである。打ちこわしを行いながら三次の館に集結した六〇〇〇人の一揆は、改革の撤回、紙鉄専売の廃止、減免、救米貸与等の要求を認めさせて解散した。

広島藩でも正徳新格という藩政改革が問題とされていた。特に地方支配のために設置された所務役人・頭庄屋が、一揆の主要な対象となった。三月二八日付で提出された加茂郡明知給知百姓中の訴状は、

近年御新格郡々所務役、頭庄屋御定メ置被レ為レ成候処ニ、下方難儀仕候も心付不レ申、此格ニてハ百姓共立不レ申ニ付、其恨を今度いつれも相集り、居宅悉《ことごと》ク潰シ、其上ニて御公儀様へ御願ニ罷出可レ申と奉レ存

と記している。目的は所務役人・頭庄屋の打ちこわしが先で、藩への訴願は従属的であるというのである。それゆえこの一揆は、全領が集中して広島城下へ押しかけるのではなく、各地で一揆が発生して、打ちこわしを行いながら役人へ訴願を提出する形となっている。藩は正徳新格の廃止、定免制廃止などの百姓の要求を認めたが、獄門三二、死罪三三の処刑を含む厳しい処罰を行った。

山中一揆

享保期中国地方の、否、享保期の全国の一揆を代表するのが、一七二六年(享保一一)美作国津山藩山中《さんちゅう》一揆である。この一揆には二つの要因がある。その一は、年貢率に四%を加える「四歩加免」と納期短縮による年貢増徴策であり、二は、藩主が死去して知行高が半分となることである。収公される土地は山中地方を含む西六触(触とは大庄屋の支配単位)であろうと想定された。

一揆は郷蔵に納められた年貢米の管理をめぐる疑惑が発端となり、西六触で発生した。この地の年貢米は最終的に誰に納めるのかわからないからである。大庄屋らが郷蔵納米を移送したことから、一揆が発生した。一揆は、久世の蔵元を打ちこわし城下をめざした。途中、藩役人に減免、四歩加免免除、大庄屋・中庄屋・小庄屋の罷免等を要求し、容れられて解散した。この要求であれば東触の村々も共通である。彼らも一揆を起こし、要求を認めさせた。

ここまでは、各地で発生する全藩一揆とかわりはない。しかし一揆はさらにつづいた。津山藩から分離されることを確信している西触の百姓らは、新領主が赴任するまで村々を管理しようとした。罷免された大庄屋らにかわり、各触二名の惣代と各村一名の「状着」により地域が管理された。そして納め過ぎた米と算用帳の請取を求め、庄屋等のもとに押しかけ、実力で奪い取ったのである。西六触は津山藩から分離された地域になりつつあった。

ここにいたって藩は弾圧を決意する。鉄砲を含めた鎮圧部隊が山中へ派遣された。百姓側も一時はこれを阻止しようとし、鉄砲等を持ち出し準備したが、藩の申渡に応えてそれらを放棄し使用することはなかった。鎮圧部隊は一揆を制圧し、頭取らを逮捕したが、そのうち三〇名はその場で斬首され、さしもの大一揆も壊滅したのである。

幕府の年貢増徴に抗して

もちろん享保年間に一揆を起こしたのは、中国地方の百姓だけではない。一七一八年（享保三）上野国館林藩、二〇年（同五）陸奥国白河藩、同年陸奥国幕領の南山御蔵入騒動、二二年（同七）越後頸城《くびき》郡質地騒動、二三年（同八）出羽国村山郡長瀞《ながとろ》村の質地騒動、二八年（同一三）筑後国久留米藩、三一年（同一六）陸奥国盛岡藩等で大規模な一揆が起きている。なお史料的根拠はないが、二〇年（同五）紀伊国高野山領でも、越訴型の一揆が発生したとする戸谷新右衛門の義民物語が伝えられていることも加えておこう。

頸城、長瀞の両質地騒動なども起きているが、享保期一揆全体を貫く特徴は、中国地方の一揆も含めて、年貢増徴政策に反対したものである。そして享保期は、最大の封建領主であり公儀でもある幕府が、その財政破綻を打開するために、積極的な年貢増徴策を打ち出してくる時代でもある。この幕府の年貢増徴策に対する闘いが、各地で繰り広げられることになる。

　陸奥国信夫《しのぶ》・伊達《だて》郡の幕領には、川俣・大森という二つの代官所が設置されていたが、二二年（享保七）赴任した岡田庄太夫俊陳は、両代官所を兼務した。彼は二四年（同九）一分上りの三ヵ年定免を実施した。この父の死後に同代官となった庄太夫俊惟は、二七年（同一二）に四分上り一〇ヵ年定免を実施し、着々と年貢増徴策を実行していた（年貢率は「夫食《ぶじき》願騒動一件」による）。二八年（同一三）の凶作により困窮した百姓は、ついに二九年（同一四）三月に一揆を起こした。

　三月七日、大森代官所の村々が夫食願に代官所に詰めかけた。折から岡田代官は江戸に出府中であったが、筆頭手代は「飢ニ及候ハ、藁をこきりこぬかニませ給べ候へハ扶《たすか》り候」（「夫食願騒動一件」）といってとりあわなかった。失望した百姓らは、翌八日福島城下へ逃散した。その人数は二〇〇〇人程という。大森陣屋付の百姓が福島へ逃散し、願いは叶えられそうだと聞いた川俣陣屋の百姓らも、寄合を持ち、その後一八日川俣陣屋へ出訴したが、受け入れられなかったので、翌一九日、二本松城下へ四〇〇〇人程で逃散した。

しかし、百姓らの求めた飢夫食要求は認められなかった。幕府は福島・二本松両藩に、百姓らを退去させることを命じた。江戸から戻った岡田代官は、首謀者を詮議、逮捕し、幕府は、獄門二名、遠島九名という処罰を行ったのである。岡田代官は処罰も受けず転任した。

継続する年貢増徴策への闘い

一七二九年（享保一四）という年は、幕府の年貢増徴策に対する闘いの歴史からみれば、まだ始まったばかりであった。その後も全国各地で闘いが繰り広げられたが、そんななかで再び岡田庄太夫の名を聞くことになる。

一七三四年（享保一九）に岡田庄太夫は、豊後国日田の代官に就任していた。彼はここでも定免制による年貢増徴を行い、百姓らの反発を受けていた。四六年（延享三）には、日田代官所管内に一揆が発生している。義民穴井六郎右衛門の江戸越訴物語が広く流布しているため、一揆の実相はわかりにくいが、代官所への強訴と久留米藩領等への逃散の複合闘争であったらしい。穴井の江戸出訴も行われた可能性はある。

岡田は二度も一揆をひきおこしたにもかかわらず、何のとがめも受けていない。年貢増徴政策をつき進む幕府にとって、彼は期待のもてる能吏であった。彼の弟は揖斐家に養子に入り、西国筋郡代に出世して日田で支配を行っている。

再び陸奥国信夫・伊達郡に目を転じよう。この地で再度幕府の年貢増徴策と闘う一揆が発生した。それは一七四九年（寛延二）陸奥国南部（現福島県）で連続的に発生した百姓一揆の一つであった。この連続する百姓一揆は、同年一〇月に常陸国笠間藩領で定免制の破免を求めた強訴ではじまった。一二月に入ると、かつて一七二九年（享保一四）に一揆が発生した地域と重なる信夫・伊達郡の幕領桑折《こおり》代官所管内がつづき、三春藩領、二本松藩領、会津藩領、白河郡幕領塙《はなわ》代官所管内と連続的に発生し、現福島県内の大部分が百姓一揆の波に洗われたのである。これらの一揆の特徴は、先行する隣接領域の一揆情報を知っており、それを意識して起こされていることである。また、ほとんどの領域で年貢半減が主張されている。幕府は自らの年貢増徴政策を貫徹するためにも、諸藩の先頭に立って百姓一揆鎮圧をめざさねばならなかった。五〇年（寛延三）正月に出された徒党禁令がそれである。この禁令に後押しされて、会津藩と同年一月に一揆が起きた讃岐国丸亀・多度津藩は、一揆にした約束を反故《ほご》にして弾圧を強化するのである。

享保末年から宝暦期にかけては、この四九年の陸奥国南部のような、年貢増徴をはかろうとする幕府・諸藩と、それを押しとどめようとする百姓一揆の間で激しいせめぎ合いが展開した。そして百姓たちは少しずつではあるが、年貢増徴の波を押し戻していったのである。これを幕府の年貢取高の推移から見てみよう。

享保一〇年代の年貢取高の平均は、一五〇万石弱であった。それが神尾春央《かんおはるひで》が勘定奉行についた三七年（元文二）から増加しはじめ、四四年（延享元）には一八〇万石を超えてピークを形成する。しかし、五〇年代（宝暦年間）に入ると、年による変動も大きいが、平均一六〇万石の半ばに押さえ込まれる。さらに六〇年代後半から七〇年代の明和・安永年間になるとさらに減少し一五〇万石強となり、ほぼ享保一〇年代の水準に戻されるのである。幕府の年貢増徴政策は、百姓一揆の前に完全に破綻したといってよいであろう。年貢増徴により財政を好転させ、幕藩体制を強化しようとした試みは失敗に帰した。残ったのはいっそう悪化した財政状態であった。

強訴規定の成立　一六八六年（貞享三）信濃国松本藩加助騒動以来、百姓集団が城下に押し寄せる強訴型一揆が頻発していたにもかかわらず、その行為を一言で言い表す用語は容易には生まれなかった。しかし、これを違法なものとして排除していくためには、概念規定は不可欠であった。一七二九年（享保一四）陸奥国信夫・伊達郡一揆は、強訴概念を規定させるうえで、画期となった一揆である。

幕府は二九年一揆の行為を、

難レ立願を大勢致二徒党一、御代官陣屋に押込、私領城下迄相詰、致二強訴一、公儀を不レ憚重科（『徳川禁令考』）

と規定したのである。この一揆と三八年（元文三）摂津国武庫郡旗本青山氏領逃散が罪例となり、四二年（寛保二）の御定書百箇条における徒党強訴逃散規定が生まれるのである。

もっとも強訴行為の概念規定の試みは、これ以前にもみられる。享保期の中国地方一揆の史料にいくつかあらわれる「強動《ごうどう》」という言葉は、その試みとして注目できる。また強訴を「強訴」という言葉で表現している事例は、もちろん二九年一揆が最初ではない。一二年（正徳二）加賀国大聖寺藩一揆の史料に、「大正寺領百姓傲訴《ごうそ》に付騒動之始末」（「大正寺領百姓一揆之事」）と表現しているものもある。しかし、なかなか定着しなかった。次に強訴という語が出てくるのが、二〇年（享保五）陸奥国幕領南山御蔵入騒動と二二年（同七）越後国質地騒動である。そして二四年（同九）に成立した幕府の「享保度法律類寄」には、「徒党の強訴を企候頭取」とあり、このころから幕府内部で「強訴」という語が使用されはじめた。このような経過を経て二九年信達一揆を強訴と規定したのである。

信達一揆後は、三四年（享保一九）丹後国福知山藩、三五年（同二〇）丹波国綾部藩、

陸奥国長沼藩、三八年（元文三）駿河国富士郡浅間神社領、但馬《たじま》国生野《いくの》代官所の一揆で、強訴の用語が使用されており、急速に定着していったのである。

私は強訴型の全藩一揆の登場をもって、近世民衆の集団的で非合法な闘争、すなわち百姓一揆が成立したと考える。しかし、強訴という用語が享保期の末になってやっと定着してくるように、強訴行為に対する法規制は遅れていた。幕府・諸藩にとって、この強訴を規制しうる法は、本来は一ヵ村あるいは数ヵ村の百姓結合を規制するものである徒党しか存在しなかったのである。

享保一揆の処罰

この法規制の遅れが、幕府・諸藩の一揆処罰に、大きな混乱を生んだと考える。百姓一揆に対する処罰は、領主と百姓の間の力関係により、法規定のいかんにかかわらず、変化する。大規模で、藩政の基盤をゆるがしかねない一揆でも、百姓に対する処罰が軽微であったり、なかったりする。逆に小規模な一揆でも、あるいは小規模な一揆だからと言い直す必要があるかもしれないが、多数が重罪に処せられる例もある。しかし、それを考慮したうえでも、享保期の、特に中国地方で連続的に発生した一揆に対する処罰は異常と言えるものであった。

多くの藩は一揆に対して処罰をしえていない。ところが、三次《みよし》・広島・津山藩山中一揆の場合は、多数の人を、ほとんど吟味せずにその場で、あるいは翌日ないし数日たって処刑している。この処刑を、盗賊として扱かったからと理解する考え方もある。しかし、盗賊であっても、抵抗したり、反撃してくる場合以外は、吟味もせず処刑することは国家公権を分掌する藩としては許されない行為である。三つの一揆で処刑された人々は、そのすべてがすでに逮捕され、抵抗も反撃もできない状態にあった。

また、対象となる百姓一揆が、百姓一揆としてのあるべき様を逸脱したからであると考える人もいる。具体的には武装蜂起へ転化する芽をもっていた、あるいは藩にそう見なされたとする考えである。中世後期から近世初頭の武装蜂起型一揆に対しては、領主軍はなで切りを原則としていた。それに類似するとの考えである。たしかに、山中一揆の場合、百姓一揆側が鉄砲などを準備する局面があるから、この考えを完全には否定できない。しかし、三次・広島両藩の一揆の処断を説明しえないのである。

この混乱を克服して、幕府は百姓一揆をどのように法規定したのか、それが次節の課題である。

百姓一揆禁令の確立

本書の冒頭で触れたように、幕府は百姓一揆を一揆とみなしていない。私たちが百姓一揆とよぶ行為を、幕府は徒党・強訴《ごうそ》・逃散《ちょうさん》と表現するようになる。だからこれらを禁止した法律は、徒党強訴逃散禁令あるいは略して徒党禁令とよぶべきである。多くの研究者もこれから考えようとしている法律群を、徒党禁令とよんでいる。しかし、それではすでにみてきた五人組帳前書《ごにんぐみちょうまえがき》などで出された徒党禁止条目と混同するおそれがある。この混同をさけるため、本書では徒党強訴逃散禁令を百姓一揆禁令とよぶことにしたい。

すでに明らかなように、幕府は一七世紀段階では百姓一揆に対する特別の規定を持っていなかったのである。一八世紀の享保期になってそれはやっと準備されるのである。享保期の全藩一揆の高揚は、幕府に

享保度法律類寄と享保一九年令

百姓一揆禁令の確立をうながした。ましてや、前節で述べたように、この法規定の未整備が、諸藩の百姓一揆対策に混乱をもたらしているとすればなおさらである。だから、この作業は急がねばならないものであるはずだが、なぜか幕府の法整備は遅々として進まなかった。

幕府が百姓一揆に対する処罰規定を最初にまとめたのは、一七二四年（享保九）の「享保度法律類寄」である。その当該部分は次のとおりである。

　一御朱印を似せ、奉行所の裏判或は主人の判形を似せ、巧《たくみに》企《くわだて》候重き謀書謀判、徒党の強訴を企《くわだて》候頭取、此類都《すべ》て磔《はりつけ》又は獄門（『徳川禁令考』）

これで、徒党・強訴の処罰の基本は制定された。しかし、法体系全体としては、謀書謀判と同一文のなかにまとめられており、単独条項となっていない、付随的なものにすぎなかった。

従来、享保期の百姓一揆禁令として注目されてきたのは、三四年（享保一九）に出され

た法令であり、次のような内容である。

領分近辺ニ御料有レ之面々、於ニ御代官所一若《もし》悪党者等有レ之、人数も入可レ申節、当地江申越及ニ延引一候時分、少々之儀ハ、直ニ御代官所より可ニ申達一候間、相応人数可レ被ニ差越一候、為ニ心得一申達置候

幕府は対大名統制策として、いかなる場合でも幕府の許可なく出兵することを禁止していた。それが社会的混乱を代官所が押さえられなくなったとき、代官所からの依頼のみで出兵してよいという内容である。当地＝江戸への連絡に日時を費し、有効な武力行使ができなくなることをおそれて出された法令である。その点で画期的な法律であることは疑いもない。

しかし注意して見てほしい。これを百姓一揆に対してのみに出された法令であると解釈するのは無理である。出兵して鎮圧する対象は「悪党」である。決して徒党や強訴ではないのである。この諸藩が出兵しなければならない状況をもたらす原因として、百姓一揆をあげうるが、それは原因の一つにすぎない。言葉を換えれば、「悪党」のなかに徒党・強訴を含めているのである。

幕府が急務とした課題は、百姓一揆を明確に概念づけることである。その概念はしだい

に徒党・強訴・逃散へと固まっていくのであるが、ここでは悪党という言葉が持ち出されて、百姓一揆を規定するためには余分なものが付け加えられたともいえる。さらに、百姓一揆をどう処罰してよいのか、それもこの法令ではわからないのである。百姓一揆禁令の画期をなすものとは評価しがたいのである。

公事方御定書

幕府は享保改革の一環として、法体系の整備を進めた。『御触書寛保集成』を編纂したのもそのためである。そして、裁判の基準として公事方《くじかた》御定書《おさだめがき》（御定書百箇条）を制定した。一七四二年（寛保二）のことである。この公事方御定書の二八条（この条項が決められたのは、四一年のことである）に、「地頭に対シ強訴其上徒党いたし逃散之百姓御仕置之事」とし、頭取死罪、名主重追放、組頭田畑取上所払、惣百姓村高に応じ過料という罰の規定が設けられた。そして、この後も幕府は百姓一揆を徒党・強訴・逃散のいずれかに違反する行為としてとらえつづけていく。

百姓一揆に対するこの規定、とりわけ処罰の原則は、一七二九年（享保一四）陸奥国信《しん》達《だつ》一揆と一七三八年（元文三）の摂津旗本青山氏領逃散が根拠となって制定されたことは、『徳川禁令考』の記述から明らかである。しかし、この二例のみがこの規定を生み出したのではなく、元禄から享保年間に展開した百姓一揆の総体が生み出したものであった。

徒党についてはいうまでもなく、強訴も「享保度法律類寄」以来違法な行為であった。しかし、そこに逃散を含むことが、この法規を制定するうえで最大の問題となったのである。この間のやりとりを紹介してみよう。

一年貢皆済之上立退候ハヽ、かまひ無之《これなき》趣《おもむき》、寛永之御定ニ有之様ニ相見候、弥《いよいよ》其通りニ候ハヽ、年貢皆済之上立退候ハヽ、咎《とが》ニ及《およば》さると、但し書之内江可二書加一哉、右、寛永之御定別紙ニ書付奉レ掛二御目一候、この御書付之儀ニ御座候哉、年貢皆済致し候とても、致二徒党一立退候儀ニおゐてハ、吟味之上、御料ハ御代官、私領ハ地頭仕置不レ宜ニ相決候とも、其所ニ罷在可レ願品有レ之候ハヽ、再応可二相願一儀ニ候処、無二其儀一立退候段、不届ニ付、品ニより評議之上軽クも咎申付可レ然哉、一向咎無二御座一候ニ相極候而《て》ハ、年貢さへ納候得者、私之申分にても所立退不レ苦様心得候而ハ、如何可レ有二御座一哉と奉存候間、但書掛紙之通相認可レ申哉、猶又奉レ伺候

それは、すでにみてきたように、一六四三年（寛永二〇）に、地頭・代官の行いが悪い場合には、年貢を皆済すればどこでも居住してよいという法令が出されていたからである。

私が前章で展開してきたことの一つは、逃散はその行為のみでは決して処罰されない、そ

の意味では違法な行動形態ではないということであった。しかし、この原則を守っている限り、現実に展開する逃散闘争に対応できない。たとえ領主に非分があったとしても、何度もの願いを提出すべきなのに、年貢さえすましていれば逃散は勝手だと百姓たちが思うようになったらどうする、という議論である。古き法は尊重されなければならない。しかし、現実に対応しなければならない。このジレンマの結論として出されたのが、

　但、地頭申付非分有レ之ハ、其品ニ応シ、一等も二等も軽く可二相伺一、未進於レ無レ之ハ、
　重キ咎に不レ及事

という掛紙であった。このような経過をたどり、逃散は徒党・強訴とならぶ天下の法度《はっと》になったのである。

公事方御定書は弾圧強化か

なにしろ公事方御定書の規定であるから、研究者が知らなかったわけではない。そして多くの場合、この法の成立は処罰規定を強化するなどの百姓一揆に対する弾圧強化策であると評価している。はたしてその評価は正しいのであろうか。

「享保度法律類寄」と比較してほしい。そこでは頭取は磔あるいは獄門となっていた。そして、それまでの多くの百姓一揆では獄門以上の刑罰が科せられていた。御定書の罪例

となった二九年（享保一四）信達一揆でも、頭取は獄門である。それが御定書では死罪と罪が一等減じられているのである。幕府が出す法令であるから弾圧強化策であるという、単純な思考は改めた方がよい。

御定書の意味は、何よりも百姓一揆に対する刑罰を規定することにあった。それは、享保年間に存在したような、藩による吟味なしの処罰をやめさせることにつながる。もし、吟味なしの勝手な処罰が行われつづけたら、百姓一揆は領主に対する反抗の意識を先鋭に打ち出しかねないのである。どうせまっとうな吟味もなく殺されるなら、相手も殺してしまおう、という意識が生まれてもおかしくない。処刑するのは頭取だけで、一般参加者は処刑の対象から排除することにより、百姓一揆を幕藩制の枠内に収め込んだともいいうるのである。そのためには、最高刑は軽い方がよい。しかし、百姓一揆を繰り返させないためには、処刑しなければならない。死罪というのは、意味深長な刑罰であると私は考える。

これ以後、幕府は、一七五〇年（寛延三）から一七八〇年代（天明期）にかけて百姓一揆禁令を頻発するが、百姓一揆の内容規定という観点から私が重要だと考えるいくつかの法令について検討しておきたい。

寛延三年令　一七五〇年に幕領と私領の双方に出された二つの法令からなる。幕領に出されたそれは以下のとおりである。

御料所国々百姓共、御取箇并夫食・種貸等其外願筋之儀ニ付、強訴・徒党・逃散候儀は堅ク停止《ちょうじ》ニ候処《ところ》、近年御料所之内ニも右体之願筋ニ付、御代官陣屋え大勢相集、訴訟いたし候儀も有之《これあり》、不届至極ニ候、自レ今《いまより》以後、厳敷《きびしく》吟味之上、重キ罪科ニ可レ被レ行《おこなわるべく》候条、御代官支配限、百姓共兼々急度《かねがねきっと》申付置候様、御代官え可レ被二申渡一《もうしわたさるべく》候

寛延期の福島地方および姫路・讃岐・伊予で連続的に発生する一揆が、この法令の直接的原因となったことはつとに指摘されているところであるから、その問題については言及しない。また、この法令は五人組帳に記載されることが義務づけられたこと、そして現実にこの後の五人組帳には、この法令そのままか抜粋が多くの五人組帳に記載されるにいたったことは先にもみたとおりである。

この法令は幕府百姓一揆禁令のうえで重要な画期となる法令である。公事方御定書は秘密法典であることを原則としていたのに対し、これは百姓らの前に公然と出された最初の百姓一揆禁令であり、五人組帳に掲載させられ、また名主宅前などに張り出しておくことを求められたものである。民衆にとってはじめて公然と百姓一揆禁令が発布されたのであ

る。五人組帳の徒党規定の前提となった法令が不明確なように、幕府の徒党禁令は、それまで徒党する人々に公然とは宣言されていなかったのである。それが今公然と禁令の徹底が図られたことになる。この点にこそ寛延三年令の最大の意義があると私は考える。さらに、強訴を念頭においた百姓一揆の具体的姿も、「御代官陣屋え大勢相集、訴訟いたし」と明確にしているのである。

明和七年令

一七七〇年（明和七）に出されたもっとも著名な百姓一揆禁令である。

何事によらす、よろしからさる事に百姓大勢申合せ候をととうととなへ、ととうして、しゐてねかひ事くハたつるをこうそといひ、あるひハ申あハせ、村方たちのき候をてうさんと申、前々より御法度《ごはっと》に候条、右類の儀これあらは、居むら他村にかきらす、早々其筋の役所え申出へし、（後略）

という内容であり、高札《こうさつ》として出されたものである。この法令には三つの特徴があると思う。第一は訴人の奨励である。第二は高札であること。第三は徒党・強訴・逃散を簡潔に規定していることである。従来この法令については、訴人奨励であることが強調されてきたが、私は、第二、第三の点にこそこの法令の特徴があると考える。

第三については、すでに前章で展開しているのでここでは繰り返さない。百姓一揆禁令の徹底の方法は、明文化した単独の法規定を出さない（出したとしても忘れられた）段階、五人組帳への徒党禁止規定を盛り込んだ段階、公事方御定書は秘密法規であった段階をへて、寛延令にいたり徒党禁止の周知徹底をはかり、法文を張り出し、五人組帳へ追加させるなどの対応をとった。そして遂に人々が集まる場に掲示して、周知徹底させる段階にたちいたったのである。もっとも、高札には常時掲示を義務づけられるものと、そうではないものの二種類あり、明和七年令は後者であった。

ちなみに維新政府は、民衆支配を旧幕府から引き継ぐ形で展開した。そして民衆支配のためにもっとも必要と思われる条目を、幕府同様高札にして掲示した。いわゆる五榜《ごぼう》の掲示がそれである。そのうち三札は永年掲示とされたものであるが、第一札が殺人・火付け等の禁止や人としての道を説くもの、第三札は切支丹禁令であり、そして第二札が百姓一揆禁令であった。その内容は、明和の高札のひらがなを漢字になおしたものであった。維新政府は、百姓一揆を殺人や切支丹禁止とならぶ天下の大罪と認識していたのである。その禁圧の意識は明らかに幕府より強い。それは、天保から幕末にかけての激しい一揆の高揚という状況に対応する。

翌七一年（明和八）に、「領主・地頭屋敷門前え大勢相詰、強訴致し候者御仕置」として「頭取遠島、惣代に門前え相詰候者三十日或五十日手鎖、相残候百姓共は急度叱り、品ニより村過料」（以下村役人への処罰規定は略す）という法令が出される。この法令に示された闘争形態を門訴というが、これで幕府・諸藩が禁止した百姓一揆のすべてについての法規定と罰則内容が決められたのである。

これ以降も幕府は百姓一揆禁令を出していくが、その内容はその時々に幕府に影響を与えた百姓一揆に対応した、より具体的で個別的な禁令である。その意味では、幕府の百姓一揆禁令は、この明和八年令をもって完成したと考えてよいであろう。

百姓一揆の作法論

百姓一揆を組織する

百姓一揆に作法はあるのか

百姓一揆の史料を通読していくと、地域性や時代を越えた共通の行動様式が存在していることに気がつく。この共通した行動様式を「作法」としてとらえることによって、一揆とは何かを考えることが可能である。

そんな馬鹿な、一揆に作法もくそもないではないかと思われるかもしれない。しかし、一揆に作法はたしかに存在し、しかもそのことを同時代人である江戸時代の人も認識していたのである。それを示す史料を二つ紹介しよう。

A　栗林五良右衛門・曾禰原勘兵衛・福島庄助・伊藤次良右衛門・伊藤与兵衛・長百性曾禰原清左衛門・栗林弥治右衛門等評定し、昨夜の騒動不意に起り面々思慮の決断もなく手を空しくして見物せり、殊更《ことさら》おなし領分の百性と言ひ何等の宿意願之筋ありて上へ訴へ来にやあらん、然《しか》るを猥《みだ》りに打ひしき怪我あやまちある時は申訳相立まし、何《なる》丈《たけ》穏便に取計無事を以《もっ》て第一とし、必《かならず》手向ひ争ふへからすと示し合せし事なれハ、皆々無念の歯齕《はがみ》をなし逃かくれて堪忍《かんにん》せり、然るに昨夜の躰《てい》たらく、百性騒動の作法に外《はず》れ、罪なき人を悪《にく》み咎《とが》なき家を打毀《うちこぼ》ち、其外《そのほか》家々小店と云へとも立寄剽剋《（ママ）》て有合ふ物品を奪ひ取り放行強盗の所為なり

B

爰《ここ》に家老の順せきニつらなれる富山内膳と言《いう》人、すゝミ出て申されけるハ、申までもなし、一昨日よりして城下へ乱入ろうせき相働き、家中へハ手ざゝすといへとも、くわんたいしごくの悪口をはきかけ、誠に法外しごくいわん方なし、第一ミの虫《蓑虫》のしよさ《所作》にあらす、誠のミの虫ならハ願ひ通りにてもあるへきに、さハなくして城下を乱ほうす、これ悪党ろうせきものなり、さすれば何を以てこれをしつめんや、たゞ今宵寄来らハかたはしより討取より外有まし、早々弓鉄にて討とる用意あれかし

史料Aは、一八二五年（文政八）に信濃松本藩一揆の記録である『赤蓑談《あかみのだん》』から引用した。名前が出てくる人々は村役人たちである。彼らは一揆へ対応を立てるために会合した。そこでの結論は、一揆はいつものように「お上《かみ》」に訴願に来るのであろう。同じ領内の人

間でもあり、一揆を防ごうとして小競り合いが起き怪我や過ちなどがあってはならないから、穏便に対応しようという結論であった。村役人たちには、従来の経験から百姓一揆はこのように行動するであろうという予測が存在した。ところが現実に展開する一揆は、彼ら村役人たちの思惑を越えた激しい打ちこわしを展開したのである。この激しい打ちこわし行為を「百性騒動の作法に外れ」と表現したのである。

史料Bは一八二一年（文化八）越前勝山藩一揆の史料「鯉山百姓騒動記」である。この史料では百姓一揆のことを蓑虫《みのむし》とよんでいる。一揆衆が蓑笠姿で一揆に参加したからそうよばれている。この呼称はこの一揆だけでなく、北陸地方では百姓一揆を蓑虫とよぶことが多い。史料Aの百姓一揆も赤蓑騒動と通称されるが、それも赤い蓑を着ていることからくる呼称である。ここでも本来あるべき一揆と現実の一揆を比較している。藩の家臣である富山内膳は、「誠のミの虫」の道を外れ、激しい打ちこわしを展開する一揆に対して、弓・鉄砲で鎮圧してよいと論じているのである。

百姓騒動の作法

このように同時代人の人々は、あるべき百姓一揆像が存在し、史料Aではそれを「百性騒動の作法」とよんでいるのである。両者ともに打ちこわしを非難しているが、打ちこわしという行為そのものが作法にはずれる行為であるとみるべきではないであろう。強訴形態をとる百姓一揆には、打ちこわしは付き物であったからである。問題は、ろくすっぽ訴願せずに、打ちこわし自体を目的としているような行為が、百姓一揆の作法をはずれる行為としてとらえられていたのである。

この二つの史料はともに、百姓が願いの筋を果たすために大勢で百姓一揆を起こすこと、それ自体には否定的ではないニュアンスを感じることができる。近世社会全体の認識として、百姓らが百姓一揆を起こすことは違法ではあるが、やむをえない行為として考える傾向が強かったと私は考えている。赤蓑騒動において村役人たちが、百姓一揆に対する穏便な対応を決めたのも、かかる認識に基づくものである。また、幕府や諸藩も、百姓一揆に対してただちに鎗《やり》・鉄砲などの武器を使用して鎮圧する、という行動を一般的にはとらない。訴状を受理したうえで、説諭・解散させるというのが基本である。勝山藩一揆でも、藩の対応はそのようなものであった。

そのことは、百姓一揆側にも百姓たちのやむをえない行為であると人々を納得させるだけの訴の内容と、それにふさわしい組織・行動様式が求められることになる。そして百姓一揆の経験が社会的に蓄積されるなかで、百姓一揆とはこういうものだという共通認識が形成されていくのである。それを百姓一揆の作法とよんでよいであろう。二つの史料は、近世の人々の間に百姓一揆の作法観念が存在していたことを示している。

当然、百姓一揆がその社会の共通認識から逸脱すると、いいかえれば作法にはずれる行為を行えば、社会の共感を失うことになるであろう。Aの史料で村役人たちは、赤蓑騒動の行為をののしり、Bの史料で富山内膳という勝山藩の家臣は、武力弾圧を積極的に主張するのである。

百姓一揆の記録は多い

百姓一揆は当該社会においてある種の位置を有していたことを理解しないため、百姓一揆について誤った見解が広く流布している。それは百姓一揆の記録は権力をはばかりひそかに伝えられたとか、指導者の墓は作られずひそかに葬られた、というような認識である。私が全国各地に義民顕彰の調査に赴くと、必ず話題となるものの一つに、「本当は百姓一揆の指導者ですから墓などを作ることは許されなかったのですが、村人たちはひそかに首を盗んで来て墓を建てました。その墓はこのように立派なものです」という類の話がある。それがあっちでもこっちでも聞かされるのである。このように広く百姓一揆指導者の墓が存在する以上、検討されなければならないのは、「本当は百姓一揆の指導者ですから墓などを作ることは許されなかった」という認識の方なのである。

同様なことが一揆に関する記録にもいえる。全世界の前近代の民衆運動を記録したもののなかで、日本の百姓一揆に関する記録は異例なほど多いのである。本著でたびたび引用、言及した『編年百姓一揆史料集成』は、B5判二段組五五〇ページ平均で、現在一九巻まで刊行されているが、まだ万延元年（一八六〇）までしか到達していない。このような大部の史料集でも一揆史料のすべてを収録できないのである。百姓をはじめ多くの人々が、一揆についての記録を書き残したのが事実なのである。

百姓一揆のマニュアル

百姓一揆に作法があったからといって、百姓一揆が合法行為だったということではない。それゆえに、数多くある百姓一揆の記録も、どのように百姓一揆を起こしたらよいか、という視点で書かれているものはない。ただ一つだけ例外がある。それが一七七三年（安永二）信濃国飯山藩強訴を記録した「信州水《み》内《ち》郡常葉郷柳原庄飯山城幷高井郡御料所中野御役所惣徒（騒動一揆）」という長い題を持つ史料である。

扨孫子《さてまごこ》申伝へ事候、百姓惣徒一気之頭と申もの書付口上利立《りだち》ニて願立申事、壱人立事大勢ニて願申出ニハ何分百姓気揃、其上村々かたくして村連判仕之上外様何十何ヶ村都合仕、惣連判を仕、跡先之かため第一成、壱ヶ村二、三人つゝ惣代して慥《たしかなる》成よき男頭取取メ置万事相談いたし候、其上か条之趣か条書したゝめ置可申事成、村連判庄や、

組頭のそき申もの成

この史料の筆者は、子孫が将来百姓一揆を起こすであろうことを想定し、百姓一揆を起こすために必要な要点を五点にわたって指摘しているのである。その第一は、「書付口上利立」な頭を選出すること。第二は、百姓の意志を一つにするために連判を作成することである。第三は、村単位で惣代を出し、万事相談することである。第四は、相談して訴状を作成し、箇条書きで認めること。第五が、庄屋や組頭という村役人は連判から排除すべきである。いずれも百姓一揆を組織していくために重要な課題が述べられている。では具体的に一揆はどのように組織されていったのか、次に詳しく考察していきたい。

一揆契状

起請文と神水

一揆（あるいは村方騒動）は徒党を構成することからはじまる。その徒党を保障するために連判状が作成されるのである。この連判状を一揆契《いっきけい》状《じょう》ともよぶ。連判を行う基礎単位は本来は個人である。小規模の一揆や村方騒動では個人単位で連判が行われるが、幕藩制社会の一揆の基本形態である全藩闘争では、参加者が多数に及ぶことから、すべての参加者から連判をとることは不可能であった。そのために村単位の連判が行われることが多い。飯山藩の事例では、村単位で連判が行われたうえで、外様村々の惣連判を作成すべきであると指摘したものと解釈される。

この連判状はどのように作成されたのであろうか。一七四九年（寛延二）陸奥国信夫・伊達郡に起こった一揆を記録した「伊信騒動記」には次のように書かれている。

この吾に今肱股(股肱)を得たりと件《くだん》の牛王に起請文を出し、白紙一巻を綴りて巻首に彦内姓名を記し、指を喰切血判をなし差出しければ、つゞいて源七、半左衛門血判し順次に廻しけるに、一人も洩れるものなく、暫時に惣連判調ひければ、彦内これを掌握し、則《すなわち》神前に於て炭となし、一椀の水に洒《そそ》ぐ、彦内をはじめ次第に呑廻し、各肺腑におさめければ、彦内一通の願書を出し、半左衛門に読ましむ、

起請文を書くのは、通常熊野権現の牛王宝印《ごおうほういん》に裏書きするのが一般的である。この百姓一揆でも牛王宝印に起請文が書かれている。頭取の彦内・源七・半左衛門が先頭に署名・血判し、皆がそれにつづいた。さらに、制作された起請文を燃やしてしまい、その灰（史料では炭となっているが、実態はいうまでもなく灰である）を水の中に入れて、神前で廻し飲みを行っている。この行為を神水《じんずい》と呼んでいる。この神水した集団こそ、一揆（徒党）なのである。

起請文の実例

では焼かれた起請文とはどのようなものなのであろうか。残念ながら彦内たちがしたとされる起請文は現存しないので、一八一七年（文化一四）武蔵国都筑《つづき》郡中鉄《なかくろがね》・寺家村で作成されたものを例として考えてみたい。（「村田家文書」）少し長いが全文を引用する。

C

相極メ申両村一統儀定蓮印一札之事

一今般両村御地頭所ゟ《より》、当年御勝手向御取続ニ付、多分之御用金被《おおせつけられ》二仰付一候間、両村共度々相談ニおよひ候得共《そうらえども》、去子年《ねどし》大凶作故《ゆえ》百姓一同難渋之年柄、扶食等も無《これなく》レ之困窮仕《つかまつり》候得は、御差支《おさしつかえ》恐入、漸金三両才覚致シ差上申所、猶亦被二仰付一候得共、一切右勝手向御賄之義相決着不《つかまつらず》レ仕候、左候得《さぞうらえ》は、此末如何様之《このすえいかようの》難渋被《おおせわたされ》二仰渡一候得共、一同相談之上は決て壱人達不レ仕相もれ申間敷《もうすまじく》候、右之趣左ニ条書相印申候事、

一此度三月奉公給金、両村ニて金拾両差出シ候様被二仰付一候、此金一切出来不レ申候事、

一御地頭所ゟ被二仰付一候儀相背《あいそむき》候上は、何様之難言被二仰付一候共、一同相談之上、何ニても相もれ申間敷候事、

一御地頭所ゟも出役等被レ参《まいられ》、何様之御咎メ被二仰付一、難渋之義有レ之候節は、両村一

同出会仕、一同難渋引請、其人計之《ばかりの》難義ニは仕間敷候事、御差出等ニも相成入用も多分相懸り候共、一同高割ヲ以《もつて》出銭等差支無レ之差出可レ申《もうすべく》候、尤《もつとも》銘々罷出候節は、割合ニ不レ構《かまわず》銘々諸払可レ仕候事、

一両村一統相談仕候て取極メ候上は、何事ニ不レ限《かぎらず》御地頭所へ内通等申、又は両村一統之善悪等決て申立間敷事、

一此一件ニ付、不時ニ病気又は御咎メ等請候者有レ之候節は、両村ニて見継可レ申候事、

一仮ニも御地頭所へ懸合ニ相成候儀は、両村連印之者決て他言仕間敷候事、

右七ケ条之趣《おもむき》急度《きつと》相守可レ申候、若《もし》於レ令レ違（ママ）ハ、梵天、帝釈、四大天王、惣日本国中六拾余州大小之神祇、幷《ならびに》両鎮守御罰可レ蒙者也、仍《よつ》て起請如レ件《くだんのごとし》、

文化十四年丑年二月　（車連判）

起請文は、起請文前書《まえがき》、起請本文、連署・連判の三つの部分から構成されている。起請文前書とは、例でいえば七つの一つ書き部分に当たる。前書とはいえ起請文の基本的部分であり、起請する人々が何を決めたのかが書かれる。それはその集団の性格を示しているが、詳細は後述する。起請本文は、例では最後の二行がそれにあたる。この集団は七ヵ条にわたる約束事を決めて形成されたが、その約束事に違反した場合には、日本中の神々、とり

わけ彼らが信仰する両村鎮守の神罰を被るであろうとしている。最後に、起請文の末尾に連署・連判を行った。この例の場合には、車《くるま》連判（傘《かさ》状連判）という特殊な形式がとられている。この起請を行った集団は、神へ誓いをたてることで、集団の規律を維持し、強い結束を獲得したのである。

起請文と一揆契状

起請文・神水によって人々が結集し、その結集した集団を一揆と呼ぶのは、中世社会に広くみられた現象であった。その点では、近世の百姓一揆という集団は、中世の一揆結合の歴史的伝統のうえにつくられたものであるということができる。私は本書の冒頭で、主として闘争形態に注目し、百姓一揆が近世社会では一揆とよばれなかったこと、それは中世末期の闘争と断絶していることを意味していることを強調した。しかし、百姓一揆の集団的特性からみるとき、中世の一揆と近世の百姓一揆は連続性を持つのである。

ところで、合理的で現世的な考え方が一般的となる近世社会では、起請文・神水の社会は急激に消滅して形式化していくと考える研究者もいる。しかし、近世の百姓世界には、とりわけ百姓一揆を起こすという重大な局面に直面したときには、起請文・神水という神的権威を媒介とした結合は生きつづけていたのである。

当然、時代が降るにしたがい、起請文の世界は後退するのではないかという疑問が生じるであろう。それに対する答えは、否であり、正である。一九世紀に入っても、一八三六年（天保七）甲州騒動、四〇年（同一一）庄内藩三方領地替反対一揆、四四年（弘化元）盛岡藩宮古通一揆、五二年（嘉永五）河内国河内郡四条村村方騒動などで起請文付きの一揆契状が確認でき、幕藩制解体期になっても、起請文は衰退していない。

同時に、一揆契状のすべてが起請文を伴うものでもない。私は『編年百姓一揆史料集成』を中心にして一二二件の一揆契状を確認することができた。一七世紀の契状は、起請文を伴うのが一二に対し、起請なしは五であり、起請を伴うのが一般的であった。一八世紀の前半は一三と一〇となりほぼ拮抗する。ところが、一八世紀後半から幕末にかけては、起請付き契状が一三であるのに、起請文なしの契状が六九と圧倒的に多くなる。一八世紀前半は一揆契状が変化しはじめる時期であるといえる。この点をより詳細にみていくと、享保年間までは一〇対五と起請文付きの方が多い。しかし元文以降になると三対五と逆転するのである。享保年間が一揆契状の変質期であることが判明する。この一揆契状の変化は幕法にも反映する。すでにみたように、五人組帳前書における徒党禁止条項の多くに起請や神水文言が付随している。それが一七七〇年（明和七）の百姓一揆禁令では、起請・

神水についてはまったくふれず、徒党を「何事によらす、よろしからさる事に百姓大勢申合」する行為と規定しているのである。

これは、神的権威を媒介にしなくとも百姓が一揆集団を形成できるようになったと評価することができる。百姓は、百姓一揆や村方騒動を繰り返すなかで、百姓同士の強い結合をつくり出したのである。

一揆契状の内容

では百姓たちは、一揆契状のなかで何を誓約したのであろうか。第一の構成要素は、なんのための一揆であるのか、そして何を求めるのかを記載することである。史料Cの契状では、財政不如意におちいった旗本（地頭所）が賦課してきた多分の御用金を、両村が一致して拒否することを決めている。

百姓一揆を維持していくためには、経費が必要である。特に江戸で訴願を行ったり、吟味のために江戸へ出ていくことなどがあれば、多大な経費を要することになる。この百姓一揆を維持していくための費用をどのように捻出するのかということも、一揆契状にとっての重要な構成要素となる。史料Cの契状では四条目の後半部分でそれが記載されている。吟味のために江戸へ出なければならない時には、構成員全員が高割で拠出することが決められた。このように高割で資金を拠出するのは、多くの一揆契状に存在する基本的な原則であった。

一揆契状のなかで、もっとも重要なことの一つは、一揆集団の規律を維持することである。Cの契状では、五条目で内通を禁止し、七条目で組織の存在を他言することを禁止している。また、三条目では、旗本からどのような「難言」が申し掛けられても、一同が相談して対応し、一揆から離脱することを禁止している。起請文は、この一揆集団の規律に違反したり、離脱する人物に対する神による制裁の約束なのである。

離脱者・違反者に対する制裁を、神罰という抽象的なものにとどめず、具体的な行為を規定しているものも、少ないながら存在する。一七二八年（享保一三）、筑後国久留米藩強訴で上三郡の百姓らが寄合を持ち、「村々百姓中御願申上候ニ付御訴訟相立申迄諸事相《あい》慎可レ申旨《つつしみもうすべきむね》」の契状を作成している。「五ケ村組誓詞名書丸座ニ連判」とあるから、起請がなされ、車連判形態の署名がなされたのであるが、起請本文と車連判の人数・形態は不明である。一九条からなる諸々の条項が決められたが、末尾に違反者に対する対応が次のように記載された。

右ケ条之品々相背申候者有レ之候ハヽ、連判中不レ残其宅へ罷越、家財等ニ至迄悉《ことごと》ク崩シ可レ申候、仮令《たとえ》親子、兄弟タリ共致ニ遠慮一候者有レ之候ハヽ、右同然ニ可レ仕候、

（「米府紀事」）

この場合の制裁は打ちこわしであった。契状への敵対者や違反者へのこの制裁は、全藩強訴の打ちこわしの源流の一つをなしていると考える。またこの史料の後段で、契状によって固められた集団は親子・兄弟という関係に優先することを強調していることも注目できる。現実に一七一〇年（宝永七）周防国吉敷《よしき》郡長野村の清助は、親が一揆連判から抜けることを求めたのに対し、あくまでも連判を守り、ついに親に義絶されている。

この享保久留米藩一揆の契状は、史料Cの契状とは少し性格を異にしている。それは、史料Cが一揆として結集するにあたっての契状であるのに対し、これは一揆が強訴形態をとり、その強訴するにあたっての行動統制という性質のものである。その内容は、耕作を損じさせないことからはじまり、集会の節の飲酒禁止、火の用心と盗みの禁止、「不似合風俗」としての絹物・帷子《かたびら》などの衣装禁止、雨具を蓑笠に限定すること、吟味に対する返答方法、詐病《さびょう》により名代を出すことや途中からの帰村禁止など多岐にわたっている。この種の契状は、一七四九年（寛延二）二本松藩、五四年（宝暦四）久留米藩、六八年（明和五）福井藩、一八一四年（文化一一）村松藩、三六年（天保七）甲州騒動、四〇年（天保一一）庄内藩の各一揆などにみられる。これらの事例で、享保久留米藩一揆にない内容は、村・郡単位での結集、一揆時の食料確保、太鼓や鐘による進退の合図などである。また、一七六八年福井藩一揆や一八一四年村松藩一揆では、これらを「掟《おきて》」と表現している。庄内藩一揆では領内集会時の行動統制が「掟」と表現され、江戸出訴人の行動統制は起請文の形式をとっている。

処罰への補償

史料Cの六条目は、一揆時に病気になったり、咎めを受けた場合は、両村で金銭などを供給することを約束している。百姓一揆が非合法運動である以上、犠牲はつきものである。この犠牲者に対して有効な対策が立てられなければ、強固な一揆は組織しえないであろう。中鉄・寺家両村は、もし犠牲となって罪を受けた場合には、その人に対して物質的な補償を行うことを約束したのである。

この点では、一七一三年（正徳三）下野国都賀《つが》郡下初田村の契状は徹底している。二九人の百姓が、江戸や城下の古河へ出訴する役を担った三左衛門と次郎兵衛に宛てた起請文付きの契状であり、頼み証文と呼ばれる形式のものである。ここで決定されたことは、訴訟人が手錠の処罰を受けた場合は、一揆衆が諸役を勤め、耕地を荒らさない、牢舎の場合は手錠同様にするほか、訴訟経費を負担させず、家を維持するための諸経費も村中で賄う、追放になり田畑・屋敷などが売り払われた場合には村中で買い取り、さらに追放先に賄いを送る、死罪の場合は一〇〇両の弔い金を二ヵ年にわたって送る、ということであった。

幕末期になると、かつての百姓一揆の指導者を顕彰する義民顕彰活動が各地で活発化してくる。新たに一揆を起こす場合に、犠牲者に対する補償の一種として、この義民顕彰を約束する場合もでてくるのである。一八六七年（慶応三）但馬《たじま》国奈佐組一一ヵ村は、安石代を求める一揆を計画し、契状を作成した。宿預け、手鎖、首鎖、遠流、入牢、死罪の処罰を想定し、それぞれに対する金銭による補償額を決めたが、それにとどまらず、「右等ニ付功分有レ之《これあり》、願成就之上は、四郡ゟ《より》石代大明神と悦込《よろこびこみ》、御供米弐石ツ、年々遣シ可レ申事」（「三宅家文書」）と定めている。要するに一揆は成功裏に終わったが処刑者が出たという場合には、その処刑者を石代大明神として祀り、年々供米を二石ずつ供出する義民顕彰行為をつづけることを約束したのである。

生死供たるべき事

もっとも、犠牲者に対して物質的援助を与えて補償するという動向は、一揆契状の基本ではなかった。史料Cでも、もう一つの保障の条項が含まれている。四条目の前半部分がそれにあたり、咎めの難渋を受けるような場合には、一同で難渋を引き受け、特定の個人だけに負わせないというのである。同様な条項を持つ契状を列記すると次のようなものがある。

○各々申上儀共自然非分と被二聞召一、おせつかん（折檻）なされ候ハ、各々一所ニあいはて可レ申候事（「森田家文書」一六〇八年〔慶長一三〕摂津国柱本村村方騒動）
○其者壱人不レ及二難儀一候様ニ連判中一同ニ迷惑可レ仕候事（「米府紀事」一七二八年〔享保一三〕久留米藩一揆）
○村方ニ死罪之者有レ之候ハ、、残之者も同罪之願致し、少も其場を立去り申間鋪《まじき》事（『糸魚川市史』一七八六年〔天明六〕越後国糸魚川藩大野村）
○出訴ニ相成、御吟味之上発寺人（発頭カ）ニ相成人有之候ハ、、連印之者不レ残発寺人は私と、一人々々名乗出、右壱人ニ難渋懸間鋪事（「小川家文書」一八二一年〔文政四〕美濃国本巣郡上真桑村村方騒動）
○万一虜之輩有レ之節ハ一同救レ之、可レ為二生死供一事（「応思穀恩編」一八三六年〔天保七〕甲州騒動）
○若又ととふ（徒党）ニテ御召取ニも罷成候ハハ、其村方一統罷出ととう相成可レ申（「菅沼家文書」同年陸奥国盛岡藩野田通一揆）

いずれも、その罪を一人に被せるのではなく、全員で罪をうけ、生きるも死ぬも一緒である（生死供たるべき）ことを主張し、強固な連帯を作り上げている。

実はこのような条項が空文言《からもんごん》ではなかったことを示す事件がある。一六二六年（寛永三）、秋田藩船越天王村の九人の百姓が、肝煎《きもいり》の不正を訴えた。吟味の結果、肝煎の行為は正当であり、訴訟は不当のものであると判定された。訴訟を推進していたのは理左衛門と又右衛門であったらしく、残りの百姓は肝煎の不正追及とは考えず、「手つまりに候間、御米の詫言」をするために訴願するものと考えて訴願に参加したのである。藩は理左衛門と又右衛門の二人を処罰し、残りの七人は罪を免除しようとした。ところが、七人のうちの一人である源蔵は、「七ケ条之内壱ケ条も不レ存候へ共、一たん申合、組致候間、二人同前ニ罷成候ハん」（『梅津政景日記』）と主張したのである。訴状の内容は知らなかったが、いったんこの集団に荷担した以上、処罰される二人と同様にしてほしいというのである。藩はこれを容れて源蔵を含む三人を成敗に処したのである。この船越天王村の集団が、契状を作成していたかどうかは判明しない。しかし、訴訟のため心を合わせる集団を形成した以上、共同責任を負って源蔵は処刑されたのである。

この共同責任体制の根源は、その行為が集団の発意によるものであったことに求められる。一七一九年（享保四）上野《こうずけ》国吾妻郡川戸村で名主交代を求めた村方騒動で作成された契状は、それを示す文言が記載されている。

殊《こと》に此御訴訟存立候儀たれにても分けて申出候者も御座なく候、惣百姓なんぎ候故、此者共打寄とかく御百姓勤り候上は、是非に及ばず如何様《いかよう》の身になるとも一同御訴訟願ひたてまつるべしと申合候上は、平に違乱申まじく候（「里見家文書」）

特別の人が訴訟しようと言いはじめたのではない。百姓全体が難儀しているので訴訟することとなったのだから、どのような処分がなされようとも訴訟を貫徹するという約束に違反することがあってはならない、というのである。

幕府・諸藩は百姓一揆の吟味を行う場合、何よりも頭取が誰かを穿鑿《せんさく》することを優先した。それは頭取死罪という法規定にしたがって一揆を処罰するために必要なことであったが、特別な人間たちによって一揆は起こされたものであり、多くの百姓たちはそれに付和雷同しているにすぎないと描き出そうとしたともいえる。これに対し百姓たちは、一揆は共同意志による行為であり、責任も共同に負うという論理を対置したのである。

車連判か傘状連判か

「強訴徒党大勢寄集《よりあつまり》一列仕候儀前々より御制禁御座候」（一八二〇年（文政三）出羽国大沼村五人組帳前書）というように、一揆した集団を一列と表現することがあるが、「一列」とは、一揆のこれまで述べてきた共同責任体制、平等な集団としての性格を示す言葉であると考える。そして、その「一列」の性格を象徴する特有の署名形式を生み出した。それが車連判《くるまれんぱん》とよばれる形式である。円形に署名するこの形式は、ふつう傘状《かさじょう》連判とか、からかさ連判とよび慣わされている。ところが近世の史料で傘《からかさ》連判と使われている事例は、私の知る限り一八五五年（安政二）越後国岩船郡牛屋村で、「り作《（小作）》三拾人傘連判いたし罷出候」（「渡辺家文書」）とある一例だけである。一方、車連判の使用例は数多い。一六八六年（貞享三）信濃国松本藩加助《かすけ》騒動では、「此文言を丸き残《（ママ）》の真中へ丸く書、何れが始終と知れさる様ニ認メ候由、是を車廻状とか申候」（「郷中訴訟之事控」）とあり、九〇年（元禄三）下野国芳賀《はが》郡山本村の村方騒動でも、「世上一同御法度之企ニ車連判ニ」（「鯉淵家文書」）とある。その他にも、一七一〇年（宝永七）周防国萩藩、二〇年（享保五）陸奥国南山御蔵入騒動、五九年（宝暦九）大和国津藩、六五年（明和二）越後国新発田《しばた》藩、一八二三年（文政六）紀伊国こぶち騒動、三六年（天保七）三河国挙母《ころも》藩、五三年（嘉永六）越後国新発田藩などに車連判・車廻状・車状などの用語が確認できる。なお、国名不詳だが久保村の一七九二年（寛政四）の五人組帳前書には、「近年車連判仕願筋申出候儀」（穂積重遠『五人組法規集』）とある。これらのことから、近世期の基本的名称は、車連判であったことは明らかであろう。このほかに、地域によってはわらだ廻状とか輪連判とよばれることもあった。

頭取隠しが本質か

この署名形式の最大の特徴は、「郷中訴訟之事控」にも記されているように「始終なし」にある。このことを通俗的には狭義に解釈し、頭取隠しの署名形式と説明されることが多い。たしかにこの署名形式は、頭取の判別を困難にする。それゆえにすでに近世期の史料にあっても、車連判を頭取隠しとして説明されることがあった。たとえば一七一〇年（宝永七）周防国吉敷郡萩領長野村に起こった一揆の史料は、「五十弐人連判を以《もつて》頭人不《しれ》レ知《ざる》様ニ申出」とある（毛利家文書「大記録」）。

しかしそれは車連判の本質ではないように思われる。それを例証する事例が頭取宛の車連判の存在である。その代表的な事例が一八六九年（明治二）上野国高崎藩に起きた五万石騒動の連判状である。この騒動では各村で車連判が作成された。その連判状が大惣代の一人である小島文次郎の子孫の家に数多く残されている。そのうちの一つに、井出村の車連判状がある。この連判状は、車連判の左上部に「高崎藩支配所当国群馬郡上小塙村御惣代久七様」とある。敬称が付いていることやその位置から宛て先であることが判明する。

この一揆は明確な惣代制度をとり、数ヵ村ごとに小惣代、それを全領域でまとめる大惣代が存在した。そしてこの久七という名は、この大惣代である小島文次郎の別名なのである。井出村の惣百姓はこの大惣代に宛てて車連判を作成したわけであるが、彼らは大惣代の名前を隠そうとしていない。小島家に多数残っている五万石騒動の車連判は、この井出村のものと同様に大惣代に宛てて自分たちが一列していることを証明するための、一揆を組むことを約束した書類なのであって、頭取を隠すために作られた書類ではないのである。

あるいは車連判の署名形式は、必ずしも一揆に限定されないのである。一八三五年（天保六）下総国印旛《いんば》郡高野《こうや》村において、博奕《ばくち》などに手をだした若者組が村役人から叱責《しっせき》され、以降このようなことをしないことを誓った若者組議定を作成した。その議定の署名形式が車連判であった。若者組は頭取をもたないし、またその頭取を隠す必要は存在しない。このような事例をみると、車連判の本質は頭取隠しにあるのではないことが判明する。そしてそれは署名者の強固な団結、それを保障する「一列」の意識にあることと理解しうるのである。「始終なし」＝「一列」とは署名者の間に上下関係が存在しないこと、すなわち署名者の平等を表現する言葉なのである。

車連判の多様性

先に起請文のところでみたように、この車連判においても連判主体はその基本が個人であることはいうまでもないが、村連合としての百姓一揆の特質から村名が連署されることもある。また本来は一揆契状の署名形式である車連判は、一揆のなかでさまざまな目的に使用されるようになる。具体的には訴状を車連判で提出すること、一揆への呼びかけの廻状が車連判形式となることである。高校教科書などでよく使用された一八六六年（慶応二）の陸奥国信達《しんだつ》一揆の「わらだ廻状」はその典型である。

先にみた、そして一般的常識となっている車連判は頭取隠しであるという認識は、このようなものから発生するのではないかと考えうる。一揆契状は領主に見せるものではない。それに対して訴状は領主に提出するものである。廻状は領主に見せるものではないが、廻している間に発覚する可能性を意識しなくてはならないものである。訴状や廻状の連署・連判の始終は、領主による頭取や発頭《ほっとう》村穿鑿の武器になる恐れがあったからにほかならない。

一八四九年（嘉永二）陸奥国二本松藩鈴石村の百姓が提出した車連判付きの訴状は、この間の事情を説明している。

されとも此願ヲ差上候得ば一身（一味徒党）とどうの御とがめあるへし、又大内六郎殿非分申達候ハヽ、上ミたる者へ敵するの御とがめ相違なし、其時ハ頭取召出されべし、しかしなから誰とう取トいふにもあらされば、連判始末わがらぬ様に丸キ連判ニして指上申べし、と定メけり（「家内ものがたり」）

であるという。領主による頭取吟味は覚悟しなければならない。しかし、この集団は誰が頭取であるということもない「一列」したものであるから、丸キ連判、すなわち車連判形式で署名したというのである。

サバル通文とラウンドロビン

この車連判は日本に独特なものなのであろうか。世界の民衆社会のなかに存在しないのであろうか。民衆社会にある平等観念の存在は各地で発掘されてきている。とするならば「一列」、「始終なし」の連判形式は、その平等性を象徴的に示す署名形式として、全世界的に広がっている可能性があるのではないだろうか。

一八九四年（明治二七）に朝鮮半島南部から民族主義的な農民反乱が発生した。この抗日農民反乱を甲午《こうご》農民戦争とよぶ。またこの反乱の理念として東学《とうがく》教派が存在したため東学党の乱あるいは東学革命ともよんでいる。ところでこの反乱の指導者の全琫準《チョンボンジュン》らは、古阜で蜂起する前に車連判と同様な連判状を作成している。この連判状をサバル通文と呼ぶ。原物は存在せず、その写が現在は独立記念館に所蔵されているし、農民戦争発祥の地にある記念碑にはこのサバル通文が彫り込まれている。

さらにイギリスにも車連判形式の署名方法がある。ラウンドロビン（Round Robin）とよばれるものがそれである。実はこのラウンドロビンについては、すでに一九三三年（昭和八）、宝月圭吾によって紹介されていた（「圏状誓紙に就いて」）。この論文は、車連判形式に着目した最初のものであり、中世武士団によってなされるこの連判は、「各自の権利義務の平等」を示すために行われたことを指摘している。なぜかこの論文は、その後の百姓一揆研究のなかで忘れ去られてしまうのである。

サバル通文もラウンドロビンも、現在のところ頭取隠し的に理解されているようである。しかし、この両者にも「一列」の意識が存在したのではないかと推測している。朝鮮半島にサバルを、イギリスにラウンドロビンを見出せた。とするならば、このような署名形式は世界中に広がっているに違いない。民衆は「一列」することではじめて権力と対決しうる。そして「一列」を表現するためには、円形の連判形式はもっともふさわしいものであるからである。

百姓一揆の旗と廻状

竹槍蓆旗は百姓一揆の姿か

『広辞苑』には「竹槍蓆旗」という単語が収録されている。「ちくそうせっき」と読み、「たけやりとむしろばた。転じて百姓一揆」と語句の説明がなされている。現代でも農民団体のデモで、さすがに竹槍は持ち出されないが、ムシロ旗をかかげて行進する姿を見かけることがある。百姓一揆をイメージしてわざわざムシロ旗を掲げるのである。竹槍蓆旗は百姓一揆にぴったりなイメージを現代人に提供している。はたしてそれは正しいのであろうか。竹槍については後述することにして、ここではムシロ旗の問題を取り上げておきたい。

実は、百姓一揆に使われた旗で現在まで残されているものがいくつかある。私が知る限りでは一八四一（天保一二）年の庄内藩三方領知替反対一揆・一八六九（明治二）年高崎五万石騒動・一八七三（明治六）年越前護法一揆の三つである。そのうち越前のものは写真でしか知らないが、ほかのものは原物を見る機会をえている。前二者の旗は木綿で作成されており、越前のものも写真で見る限り木綿のように思われる。少なくともムシロではないことは確かである。

このことは史料的にも確認できる。旗の素材が確認できる史料をいくつか例示すると、次のようになる。

○御百姓共二尺五寸ほどの白木綿小旗へ何村何組と書付（「磐城騒動聞書」一七三八年〔元文三〕平藩一揆）

○村々の名を印し申候木綿幟四、五本立（「播州姫路騒動大坂江戸聞合書」一七四八年〔寛延元〕姫路藩一揆）

○もめんのほりヲ一ケ村限ニ一本つゝ何村と大文字ニ書（「吉田御領中百姓中騒動聞書」一七九三年〔寛政五〕伊予国吉田藩武左衛門一揆）

○壱の手弐の手と何番の何村と銘々紙幟を立（「女化騒動夢物語り」一八〇四年〔文化元〕常陸国牛久助郷騒動）

○一村々々木綿旗又紙旗を立（「天保十二年漫録」一八四一年〔天保一二〕肥後国人吉藩一揆）

このように、百姓一揆に持ち出される旗や幟は、木綿や紙で作られているのが一般的であった。

例外的にムシロ旗が使用されたことが確認できる一揆は、一七五〇年〔寛延三〕甲斐国米倉騒動、一七九五年（寛政七）・一八三六年（天保七）・四七年（弘化四）の南部藩一揆、一七九六年（寛政八）仙台藩一揆、一八〇一年（享和元）出羽国村山郡一揆、一八四〇年（天保一一）庄内藩一揆だけである。甲斐国米倉騒動を除くと、いずれも東北地方の一揆である。また、それらの一揆でも木綿や紙の旗が持ち出されている。以上のことから、ムシロ旗で百姓一揆をシンボル化するのは誤りである。

旗や幟の素材が木綿や紙であったということはそれほど重要な問題ではない。問題は、なぜ旗を作るのかということである。上記の史料を見ると旗は村単位で作成されていることが判明する。村を識別するために旗が作成されたのである。

村の旗

一揆の旗の基本は村旗であった。

ではなぜ、村を識別しなければならないのであろうか。全藩強訴ともなれば、一揆に集結する人数は数千から万を超えることもある。これらの人々が勝手に動いたのでは統制がとれない。そこで、「徒党の者共村の目印の旗を立、夫《それ》を見当ニ進退」（「相良茸山騒動記」一八四一年（天保一二）肥後国人吉藩一揆）とあるように、村旗の下に村ごとに結集し、旗の動きに随って行動したのである。すなわち百姓一揆の基礎単位は村であった。

その意味では、百姓一揆の旗は、現在のデモが職場の旗、組合の旗の下に集合するのに似ている。ただデモの場合には、その先頭にデモの目的を記した横断幕などが出され、何のためのデモであるかを明確にしている。百姓一揆にはそれに相当する旗はなかった。なぜないのか？　必要がないからである。なぜ必要がないのか？　それは、目的を明示するものがなくとも、百姓が百姓一揆を行う目的を社会全体が理解していたからにほかならない。その目的とは百姓の成立《なりたち》を領主に訴願する（この点については次節で展開するが）ことなのである。

火と音で始まる百姓一揆

次に人々を百姓一揆に結集させる方法を見てみたい。百姓たちが武士に対抗しうるのは、その圧倒的な数の力である。小人数の百姓集団では、武器を持った武士たちに簡単に鎮圧されてしまう。百姓一揆が成功するか否かは、すみやかに百姓の大集団を結成しうるか否かにかかっているといっても過言ではない。

百姓一揆は火と大音響によって開始されることが多い。一揆を決意した中核集団は、篝《かがり》火《び》をもやし、たいまつを持ち、夜をあかあかと照らし出して一揆が発生したことをつげる。また寺院の鐘や半鉦が鳴らされ、ほら貝が吹かれ、鯨波《とき》の声によって一揆への結集を催促する。この音の中には、「鉄砲を打、螺貝を吹立、余程人集り候由」（「百姓騒動一件」一八〇一年〔享和元〕出羽国村山郡一揆〉のように、鉄砲の音がまじることもあった。百姓一揆に鉄砲が持ち出されたとする記録は少なくないが、その大部分は鐘やほら貝と同様に音をたてる道具として使用されたのである。少なくとも、百姓一揆側の鉄砲が人に向けられて発射された事例は皆無である。この音をたてる道具は、史料上は鳴物と表現されることが多いが、その後百姓一揆集団の進退などを統制する道具としても使われることになる。

結集してきた人々は、より多くの人々を集めるために、「出よ〱と呼はり廻り、若《も》し出ずんば村端より火をつけ焼払はんと罵《ののし》り歩く」（「勢州堀川町福田氏手紙写」一七九六年〔寛政八〕伊勢国津藩一揆）という史料に見られるように、焼き討ちや打ちこわしの脅迫言辞を伴って、人々に参加を強制していくので、またたくまに百姓一揆はその人数を増やし、数千から万を超える人々が結集することも珍しくない。

廻状の内容

もとより百姓一揆は突然発生するわけではない。突然、篝火を焚き、鐘を鳴らしたとしても、周到な準備がなければ百姓たちは出てこないであろう。一揆にもっとも積極的で、頭取を出す発頭《はっとう》村を中心として、領内各地で一揆に対する準備がなされて、はじめて百姓一揆となるのである。そして頭取らを中心として、領内の百姓たちへ一揆の呼びかけが行われた。もちろん、口伝えの伝言もあるが、広い領内に一揆の意志を徹底させるためには、廻状が廻り、張札《はりふだ》が張られたのである。

では廻状とはどのようなものであろうか。一七五七年（宝暦七）越中国礪波《となみ》郡城端《じょうはな》一揆の廻状は次のようなものであった。

当年悪作ニ付山田野へ十五より六拾迄不残、当廿三日朝六つニ無間違《まちがいなく》揃て相談仕度《したき》旨、下もより村つたい申候、此状ニもれ申村ハかく（覚悟カ）ニ相心得候

廻状にはいくつかの必要要素がある。まず第一に何のための百姓一揆であるのかが明確にされなければならない。城端の一揆は、凶作による米価騰貴を原因として発生し、穀屋を打ちこわすという形態を取るが、廻状は一揆の目的を短く「当年悪作ニ付」と表現していた。これで百姓たちには理解できたのである。第二に一揆を起こすべき日時である。この一揆では「（七月）廿三日朝六ツ時」に起こすことが指示されている。第三に、どの範囲の人々が一揆に動員されるかが示される。この廻状では一五歳から六〇歳までの人物と指示されている。第四は廻状の伝達方法であり、この廻状は下の地方から村づたえで回せと指示されている。最後に廻状に違反・敵対した場合への威嚇である。「此状ニもれ」るとは二通りの解釈が可能であろう。すなわち、廻状の順達からもれることと、廻状の指示にもれて指示に従わないことである。そして、その両者に対して威嚇したと考えてよい。

第三の動員される範囲であるが、一五歳から六〇歳までというもののほかに、軒別一人とか、村で何人と指定されることもあるが、圧倒的多数は一五歳から六〇歳までとなっており、これが百姓一揆の基本形であると考えられる。なかには一五歳から六〇歳の男と明記されることがあるが、ない場合でも男をさしていた。百姓一揆では原則的に女性の参加はみられない。女性の参加が確認できる百姓一揆は、一六九〇年（元禄三）日向《ひゅうが》国延岡藩山陰《やまげ》逃散《ちょうさん》などの初期から一七世紀末までの挙村挙家逃散と、天明以降の米騒動だけである。

一五歳から六〇歳までの男とは、元服し若者組に参加する年代から、還暦によって隠居する年代までである。共同体の正規構成員とその予備軍である。百姓一揆はそのすべてを動員することを目標としたのである。

しかし、一五歳から六〇歳までの男手が出払うことになれば、村の維持に不安が生じることになろう。一七一八年（享保三）広島藩一揆に参加した仁方村では、鬮《くじ》をひいて当たった三四人が一揆に合流したとする記録がある（「正徳年中新御格式」）。当然、鬮にはずれた者は村に残ったのである。また一八五三年（嘉永六）盛岡藩三閉伊《さんへい》一揆に参加した金浜村では、四人の村役人のうちの二人を含む五軒が、「留守の手繰」として村にとどまった。

「留守の手繰」とは、男手がいなくなった村を維持する役割であると考えてよい。この二つの事例は、一揆に同行するのか、村に留まるのかは個人の意志によるものではなく、村全体の意志に規定されていたことを示している。

第五の要素は一揆への参加強制である。この参加強制は、一揆時に罵り歩く形でも行われていたことは先にみた。しかし、この参加強制を文字通りにとり、多くの参加者はこの強制によって一揆に加わったと考えてはならない。廻状が廻るころには、村々で一揆参加の機運が高まっており、「村々に於て此廻状を見て悦ぶこと限りなく」(「伊信騒動記」一七四九年〈寛延二〉陸奥国信達一揆)というように、多くは自主的に一揆に加わったのである。

城端の廻状は、「此状ニもれ申村ゝ」とあるように、参加強制の対象が村であることに注意したい。廻状や張札のなかには、「若し不参之者ゝ」と個人を対象とするものも存在するが、圧倒的多数は村を対象としている。百姓一揆は、村単位で参加・不参加を判定していたのである。さらに第四の要素の廻状の廻し方も、村を単位として廻していたのである。

これらのことは、百姓一揆が村連合として組織されているのであり、個人の連合体ではないことを示している。そして、その結論は旗でもたらされた結論と一致するのである。

なお、参加強制を伴う廻状は、一八世紀前半まではあまりなく、一八世紀後半以降に一般的になったことを付け加えておこう。

廻状から張札へ

百姓一揆へ人々を動員する方法として、廻状のほかに張札や落し文がある。この張札などに記された内容は、廻状のものとほぼ同一である。しかし、廻状と張札という二つの動員方法には時代的な差が存在するのである。

一七八〇年代（天明期）以前は、廻状による動員が一般的であった。しかし、天明飢饉による米価高騰は都市や在町で米騒動（打ちこわし）を頻発させるが、その動員方法は張札であり、八一年（天明元）上野国絹一揆、八三年上野・信濃両国の上信騒動、八七年相模国土平治騒動といった一揆でも張札による動員が行われた。さらに一九世紀の文化文政期になると、主たる動員方法が張札となり、廻状が廻された場合でも副次的なものであることが多くなった。

廻状と張札の相違は、前者が村継ぎとして村共同体に呼びかけるのに対し、後者は多くの人々が見る場に文章を張り出すことにより、直接個人に呼びかけるものである。町内や近隣の米屋などに対する打ちこわしを展開する米騒動（打ちこわし）では、町共同体を利用して廻す廻状という手段は適さないため、張札による動員がなされたのである。農村を舞台とする百姓一揆でも張札による動員が増えてきたということは、村共同体を利用しにくい状況が生まれてきたことを意味する。それは農民層分解の進展により、村役人・地主・高利貸である豪農と小作・貧農に両極分解し、村内対立が激化したためであった。この豪農たちは領主と結びつき、藩政の手足となって活動したため、百姓たちの生活を脅かす存在となった。百姓一揆は、藩に苛政の撤回を要求しつつ、これら豪農・村役人に対する激しい打ちこわしを展開したのである。本節冒頭に示した史料A・Bに見られる、百姓一揆の作法にはずれる打ちこわしがそれであった。このような、村落内部の変化が、廻状から張札へと動員方法を変化させたのである。

天下泰平我等生命者為万民

同様の変化は百姓一揆の旗にもみられる。先に私は、百姓一揆では一揆の目的をスローガン化した旗は存在しないとした。しかし、天保期以降になるとそのような旗が現れる。一八三三年（天保四）播磨国加古川一揆では、「天下泰平我等生命者為万民」と記された大きな幟が立てられたのである。この加古川一揆は、幕領・旗本領・姫路藩領などの領域を越えて展開した広域闘争であり、凶作による米価騰貴を理由として展開し、加古川流域の銀貸・問屋・酒屋など一六〇軒余を打毀したものであり、領主への訴願はほとんどみられない。

加古川一揆のような、訴願を伴わない、あるいは伴ったとしてもきわめて稀薄な世直し騒動の形態は、本来的な一揆の「作法」からはずれた行動である。この行動を正当づけるためには、新しい論理が必要なのであり、そのために普遍的な目標を明示する必要があった。「天下泰平我等生命者為万民」の旗印はそれにふさわしい内容である。そしてそれは一八三六年（天保七）に、はじめて一揆中に世直しという言葉が現れたことと時を同じくしている。そしてそのような一揆の正当性を示す言葉は、しだいに世直しに集約されていくのである。この変化を闘争主体の問題からいえば、百姓一統の結合としての百姓一揆から、窮民連合の一揆・騒動への変化に対応していると考えられるのである。

百姓一揆のめざすもの

百姓一揆の出立と得物

ユニフォームとしての蓑笠

前節に見た史料A・Bを振り返ってみたい。Aは百姓一揆が赤い蓑《みの》を着用していたから赤蓑騒動とよばれ、Bは百姓一揆を「みの虫」とよんでいるが、いうまでもなく一揆が蓑を着用していることに注目しての呼称である。百姓一揆に参加している人々は笠《かさ》も被っていたから、蓑笠姿は百姓一揆の代表的な出立《いでたち》であり、ユニフォームといいかえてもよい。もっとも、一八世紀前半の享保期まではまだ蓑笠姿は少ない。一般的になるのは一八世紀半ばころからであり、「みの虫」のように一揆の代名詞として使われるほど広がるのは、一八世紀末になってからである。

この蓑笠姿に最初に着目した研究者は勝俣鎮夫である。勝俣はその著『一揆』（岩波新書）のなかで、隠れ蓑という蓑の特殊な使用法や、神や鬼が蓑を着ていた、という民俗学の成果に立脚し、百姓一揆の蓑笠姿は、百姓が神や鬼に変身することによって、幕藩制社会の価値体系に反抗・打破する正当性を得たと主張したのである。

この指摘は百姓一揆の研究者に大きな衝撃を与えた。それまで百姓一揆が何を着ており、何を持っていたのかなど考えもしなかったからである。私が百姓一揆の作法を考えるにいたったのは、この勝俣の研究から受けた刺激が大きかった。しかし勝俣の結論と私の考えている百姓一揆像との間に、違和感があったことも確かである。

蓑笠は百姓の姿

私たちは隠れ蓑のことを知っている、また秋田の「なまはげ」が蓑を着た鬼の姿であることも知っている。しかし、蓑笠で最初に連想するのは百姓たちの雨具ではないだろうか。雨の日、値段の高い傘や合羽《かっぱ》などを着用せず、質素な蓑を着、笠を被って歩く百姓たちの姿こそまず連想するのが自然ではなかろうか。一七八八年（天明八）に幕府は倹約令を発しているが、そのなかに「百姓之儀は、（中略）其外雨具ハ蓑笠のみを用候事ニ候処、当時ハ傘合羽を用ひ」贅沢となっているという一節が存在する。このように、幕藩領主は百姓の雨具として蓑笠を強制しているのである。

では百姓一揆が蓑笠を着用することは、単に日常的な雨具を着ていただけであって、積極的な意味を見出すことはできないのであろうか。それも違う。たまたま蓑笠を着ていたというのではないのである。一八六〇年（万延元）丹波国篠山《ささやま》藩一揆の廻状には、「此状着次第京口へみのかさ（蓑笠）にて年十五歳六十まで不レ残つめかけ〳〵可レ被レ下候」と記されている。廻状で蓑笠の着用を指示している事例は、一七五六年（宝暦六）阿波国徳島藩一揆、一七六八年（明和五）伊勢国津藩一揆、一八一二年（文化九）豊後国中津藩一揆があげられる。それは百姓たちが、意識的に蓑笠を着用して一揆に参加したことを示していよう。「百姓共蓑笠を着、百姓相応之風躰《ふうてい》ニて」（「顧碞録《こがんろく》」一七四九年（寛延二）会津藩一揆）や「百姓の出立《いでたち》にて、蓑笠をまとひ出合」（「牛久《うしく》徒党夢物語」一八〇四年（文化元）常陸国牛久助郷一揆）のように、蓑笠が百姓の姿であると説明する史料も少なくない。一八二二年（文政五）丹後国宮津藩一揆では、苛政を推進した三人の役人を百姓に下げ渡すことを要求するが、一揆はその理由を、「百姓を苦める者共に蓑笠被せて鋤鍬持たせ、朝夕の挊（稼）百姓の味ひ知らせ申さん為」であるとしている。ここでも百姓の象徴として蓑笠が使用されているのである。これらのことから、百姓一揆が蓑笠を着用するのは、自らが百姓であることを強調するためであったと考えることができる。

百姓一揆の得物

　次に百姓たちが一揆に参加するにあたり、どのようなものを持って出たのであろうか。この持ち物を「得物《えもの》」と表現する史料がかなりあるので、以後、この持ち物を得物と表現したい。諸史料から私が確認した得物を列記すると、鎌《かま》・鍬《くわ》・鋤《すき》・杵《きね》・山刀《やまがたな》・鉞《まさかり》・鉈《なた》・斧《おの》・ちょうな・熊手・鳶口《とびぐち》・大槌《おおづち》・かけや・万能《まんのう》・のこぎり・鶴嘴《つるはし》・綱・竹槍・刀・脇差・鉄砲・十手・棒・杖など多岐にわたる。そのうちもっとも頻度が高いのが鎌で、棒・竹槍・斧・鉄砲・鳶口・鉞とつづく。これらの得物を分類すれば、①鎌・鋤などの農具、②斧・鳶口・鉞などの大工道具的性格を帯びるもの、③刀・竹槍・鉄砲などの武器的性質を帯びるものの三種類に分類することが可能であろう。

　このうち実用性が高いのは②のグループである。「斧ヲ以《もって》柱ヲ切、万力ヲ以家ヲたおし、壁土蔵は鳶口・掛矢《かけや》ヲ以打こハし、鉈ヲ以六尺桶のたか《（たが）》ヲ切はなし、木太刀・棒ヲ以戸障子ヲ打破る」（「古谷家文書」一八六六年（慶応二）武州一揆）という史料に示されるように、打ちこわしを行うために必要な道具であった。

ところが、百姓一揆全体の得物のなかで、この打ちこわしに必要な得物の所持率は低いのである。一八三六年（天保七）三河国加茂一揆の史料に、百姓一揆から取り上げた得物を売却する史料がある（「応思穀恩編」）。そこでは山刀二・鳶口九・鉈四などに対し、鎌は総数二一四のうち一九五と圧倒的な数を占めている。また、鎌・棒・竹槍は一本（一丁）ずつとか銘々所持と記されることもあり、百姓一揆全員の持ち物であることが多かった。それに対し、斧・鉞などは、打ちこわしの段階で捜したり、供出させたりしていることが描かれることがある。

百姓の象徴としての鎌

もっとも頻度が高く、百姓一揆全体で携行することが多い鎌は、打ちこわしを描写する場面ではあまり登場しない。その使用方法も、いくつかの史料が戸を破り、畳・衣類を切り裂いたとするのみである。ちなみに、打ちこわしを主な闘争形態とする都市の米騒動で、鎌が持ち出されたことが確認できるのはわずか三件しかない。

このように実用性が低いにもかかわらず、なぜ鎌が携行されるのであろうか。次の史料がそれを雄弁に物語る。

○百姓の得道具は鎌鍬より外になし、田畑にでよふが御城下に出よふが片時もはなしはせし（「因伯民乱太平記」一七三九〔元文四〕鳥取藩一揆）

○百姓之事に候得は帯刀ハ無用と申、然上は棒・かま・斧なとを持参いたし候（一七五〇年〔寛延三〕甲斐国米倉騒動）

鎌は蓑笠と同じ役割を果たしていたのである。百姓一揆は、参加者が百姓であることを強調するために、蓑笠を着用し、農具である鎌を腰にさしたのである。

竹槍の携行　では、③のグループである武器的性質を帯びるものは、どのように理解できるであろうか。本書の冒頭で、一七四九年（寛延二）陸奥国信達一揆の史料を引用し、中世末期から近世初頭の武装蜂起型の一揆と異なり、百姓一揆は武器を所持しないのが特徴であることを指摘したのを覚えておられるであろうか。竹槍・刀（脇差）・鉄砲などの所持はその原理に反しているように思われるかもしれない。

第一にこの時代の中心的武器である鉄砲については、すでに動員方法のところ（一六八ページ）で指摘しておいた。鉄砲は、百姓たちを一揆に結集させたり、一揆の行動統制のための合図の鳴物として使用されていた。だから、武器として使用は可能であっても、百姓一揆の武器であると考えてはならない。また、正確に言えば得物の範疇にも入らない鳴物なのである。

問題は竹槍である。鎌や棒と同様に、百姓一揆全員が携行する得物であった。ただし年代的には、鎌などが一七二〇年代の享保一〇年代から確認でき、三〇年代末から五〇年代にかけて百姓を象徴するものであるという意識が形成されてくるのに対して、竹槍が持ち出されるのは六〇年代の明和期以降である。しかも八〇年代の天明年間には数多くの百姓一揆が発生するが、竹槍が持ち出されるのはごくわずかであり、竹槍が一般化するのは一九世紀に入ってからである。それは百姓一揆の作法が崩壊をはじめていく時期にあたり、竹槍の携行もその一端としてとらえることができる。

また、百姓一揆が竹槍を所持していることを、武装蜂起ととらえることはできない。たしかに竹槍は人を殺傷しうる能力を持つ。しかし、明治維新以前の数多い一揆のなかで、それを用いて人を殺害したのは二件にすぎない。すなわち、一八一八年（文政元）大和国龍門騒動で、一揆の一人を切り捨てた代官所役人浜島清兵衛を殺害したものと、二三年（同六）紀伊国こぶち騒動で、炊き出しの米の上に土足で踏み込んだ百姓を殺害したものである。前者は報復であり、後者は一揆内部の統制である。ともあれ竹槍での殺害がこれしか確認できないことが、竹槍の携行が戦闘や殺害を目的としたものではないことを如実に示している。もし、領主軍との戦闘を企図するならば、百姓一揆が持っている鉄砲を鳴物として使わず武器として使用すればよい。また、刀（脇差）を調達することはそれほど困難ではないことは、次に述べる一八三六年（天保七）甲州騒動で明らかであり、それを使用すればよいのである。領主は鉄砲をもって鎮圧に出てくる。また、豪農や商人は、打ちこわしを防ぐために自警団を形成し、竹槍を持たせることもあった。百姓一揆の竹槍はそれらから防衛するためのもの、あるいは威嚇するためのものであったのである。ただし、維新後の百姓一揆で持ち出された竹槍は、まったく異なる役割を演じることになるが、それは後述することにしたい。

刀を帯びた悪党

先に引用した（一八〇ページ）甲斐国米倉騒動の史料にもみられるように、百姓一揆が自ら帯刀を禁止したことは、比較的多くの史料で確認できる。だが、百姓一揆史料のなかに刀（脇差）を所持したとの記載が散見する。その多くは頭取の描写として現れており、頭取の権威を示すものとして携帯したと考えられる。また、この刀を使用した痕跡はない。

しかし、一八三六年（天保七）の甲州騒動は少しおもむきが異なっている。幕府代官の井上十左衛門は、百姓一揆から取り上げた得物を書き上げているが、そのなかに刀・脇差六十余とある（「応思穀恩編」）。「質屋〳〵ゟ腰之もの撰取ニ致」（同前）ともあるから、打ちこわしの過程で入手したものと考えられる。このようにして入手した刀は、人々を一揆に参加させるときの脅しや、「抜身ヲもちおどし、金銭着類奪取」（同前）というように、盗みの脅迫にも使用された。さらに「被召捕候節、抜刃携振上捕方之ものへ立向」（「甲斐国騒立一件御裁許書」）というように、鎮圧の武士団に対しても使用されたのである。

刀の携行、しかもそれを使用しての盗み、さらに武士団に対して刃をむける行為など、甲州騒動は百姓一揆の作法から大きく逸脱をした行動をとっている。それはなぜなのであろうか。「甲斐国騒立一件御裁許書」は、甲州騒動の処罰を記録したものである。そのなかで刀脇差の携行を確認できるものが四三名いる。そのうちの半数近い二〇名が無宿であり、頭取三人のうち二人、局地的に一揆を指揮したとして死罪となった三人は、ともに無宿なのである。無宿たちが、刀を持ち込み、百姓一揆の作法を崩壊させたのである。甲州騒動は、国中地方（甲府盆地）に入ると、一部略奪や放火を伴う徹底的な打ちこわしでこの地方を席巻したが、その主役は彼らであった。領主のみならず百姓たちも、この彼らを「悪党」と称したのである。

しかし、刀を携行した半数以上が百姓身分であることも忘れてはならないであろう。だがこの百姓たちも、百姓身分として行動したわけではない。甲州騒動の特徴の一つは、この悪党たちを中心とした出立の特異性にある。たとえば、江尻窪村源八悴《せがれ》周吉は「頭取之者ら貰ひ受候皮羽折（羽織）を着、赤打紉《なわ》を襷《たすき》にいたし、長脇差を帯」ていたし、岡村藤助は「頭取躰之者ら鉄炮壱挺、狐の皮貰請、右皮を冠り異形之姿《いぎようのすがた》」であったという。彼らは百姓身分の象徴である蓑笠を脱ぎ捨て、派手で特異な姿＝異形之姿に変身して百姓一揆に参加したのである。

このような動きはあるものの、その後の百姓一揆が刀を携行するようなものに急速に変化していくわけではない。一八六六年（慶応二）の武州一揆は、激しい打ちこわしを伴う世直し一揆の代表的事例であるが、「兵器をもたるはなく、人を傷害《そこな》ふこともなく、物を掠《かすめ》るぬす人にもあらて」（「青山防戦記」）と記されるような状況が、この騒動全体を支配していたのである。

百姓一揆の訴状

百姓成立を求めて　百姓一揆が蓑笠を着用し、鎌などの農具を持ち出して自らが百姓であることを強調するのは、一揆の目的にかかわる行為であった。百姓一揆は領主に訴状を提出し、それを認めさせることを目的としていた。訴状は村名を連記して何か村惣百姓とか、〇〇領惣百姓という名において提出され、排除すべき諸条項を列記した。その条項は十数ヵ条から数十ヵ条に及ぶことも多く、その内容は多様であった。その多様性はどこからくるのであろうか。第一は収奪の多様性に求められる。幕府諸藩は本年貢以外にも多様な物を、多様な形態で収奪しようとした。だからそれに対する一揆の訴状も多様にならざるをえないのである。第二は一揆の組織との関連である。先にも指摘したように、一揆は全藩闘争形態を主要な形態とするが、そこには異なる条件の村々が連合していた。村は村独自の課題を一揆のなかに持ち込むから、その統一要求である訴状は膨れ上がるのである。

領主に要求を認めさせるためには、要求の根拠を示さなければならない。もちろん、その根拠は排除すべき内容によって多様であるが、百姓一揆全体としては、次の二つの論理を見出すことが可能である。第一は「新儀非法」への批判である。それに対する対立概念は「古法、旧法」ということになる。法は古きがゆえに正しいとする観念は、ヨーロッパ封建制などにもみられる封建社会共通の意識であった。では一揆が基準とした「古法、旧法」とは何かが問題となる。それは諸藩によって異なるし、また同一藩内でも法の種類や内容によって異なるものではあるが、おおむね初期藩政改革で成立した理念に求められるといってよいであろう。

第二は「隣領並」・「幕領並」の論理である。たしかに幕藩領主はその領域を自分支配しうるのであるが、それは自由な収奪が可能であることを意味するのではない。隣領相当、特に隣接幕領相当という制限を受けていたのである。そして幕領の場合は天下一統並という制限を受けることになる。

このように一揆の要求は多様でありまた変化するものでもあるが、その要求をまとめてみれば一つの論理に帰結する。たとえば一七二五年（享保一〇）但馬《たじま》国朝来《あさこ》郡楽音寺村などの百姓は、要求を一一ヵ条にまとめた訴状を幕府に箱訴するが、訴状の末尾は次のようである。

御奉行様へ難レ願、無二是非一直訴状御箱へ書付指上奉候、御慈悲ニて相続仕、百姓之儀何とも耕作仕、稼も心能仕候様ニ御救奉二願上一候

この訴願は「耕作仕、稼も心能仕候様」な百姓経営の維持を、「お上」の慈悲によって実現しようとするものであった。このような百姓経営の成立《なりたち》・相続は、慈悲深い藩主によるお救いの政治＝仁政《じんせい》によって可能となる、という考え方を「仁政」イデオロギーとよぶ。

この「仁政」イデオロギーは百姓たちだけに存在したのではない。仁政イデオロギーとは、幕藩領主がその支配を正当化するための支配イデオロギーであり、一七世紀中葉に展

開する初期幕藩制改革により確立したものである。その論理は、百姓を我が子のように思い、国の本である民草《たみくさ》を育てるために、「御慈悲」あふれた「仁君」が「御救」を下される。百姓たちはこの御救いによって生活を保障されるのである。だから百姓たちは、この仁政に応えるために、御百姓の勤めを果たす必要がある。具体的には、御百姓経営をしっかりと行い、御年貢を必ず皆済《かいさい》（年貢を完全におさめること）しなければならないのである。

いうまでもなくこの論理は逆転した論理である。幕藩領主こそ百姓の年貢上納に依拠して生活するにもかかわらず、幕藩領主に百姓が依拠して生活するかのように考えさせるからである。しかし、百姓たちはこの論理の範囲で一揆を行った。領内の百姓が困窮におちいっているのは、政治が非仁政状況にあることを示している。この非仁政の政策を具体的に列記し、それを排除することによって仁政状況にもどることを求めたのである。多くの場合、それら苛政を実行しているのは君側の奸《かん》である悪役人であり、本来的には情け深い仁君は、必ずや仁政を復活してくれるはずであるという論理構造を持っていた。藩も仁政を標榜する以上、このような百姓たちの訴願に耳を傾けざるをえないのである。その訴願方法が違法な強訴であったとしても。

百姓一揆にとって幕藩体制は自明の前提なのであり、それを覆すために領主軍と武力闘争をする必要はなかった。当然、幕藩制社会を乗り越える価値観・権威をつくり出す必要もない。だから、百姓から神や鬼へ変身する必要もない。百姓たちにとって、百姓一揆の正当性の論拠は、なによりも彼らが幕藩制社会を構成する百姓身分であったことにあったといえる。だからこそ百姓たちは、百姓一揆のなかで、出立《いでたち》や得物《えもの》で百姓であることを強調したのである。

百姓一揆が獲得したもの

個々の百姓一揆は勝利した

私の手元に「天保義民伝」というビデオがある。一八四二年（天保一三）近江国検地反対一揆を題材としたドラマで、一九九九年（平成一一）にテレビ東京系列で放映されたものである。ドラマの冒頭でナレーターが、この百姓一揆が一〇万日日延という実質的な検地中止に追い込んだ事実を指摘したうえで、「数ある農民蜂起のなかで、ただ一つ一揆勝利の記憶を歴史に刻み込んだのである」と語っている。ここには、百姓たちが一揆を起こしても、藩の圧倒的な軍事力の前に蹴散らされたであろう。また封建領主は、百姓の要求など受け入れるはずはない、という認識があるように思われる。それは「天保義民伝」の制作者のみならず、広く国民の間に存在する認識であるように思えてならない。

何をもって百姓一揆の勝利と敗北をわけるのかは、意見の分かれるところであろう。百姓たちが主要な要求を領主側に認めさせたか否か、という点でわけることは、百姓一揆を起こした直接的な目的を達成したかどうかにかかわることであり、もっとも主要な目安であろう。「天保義民伝」が、検地中止をもってこの一揆を勝利としたのは、その点で理解できる。しかし、要求を認めさせることができたのは近江検地反対一揆だけではないのである。思いつくままあげてみれば、一七〇九年（宝永六）水戸藩、一一年（正徳元）安房国万石騒動、二六年（享保一一）美作国津山藩、二八年（同一三）久留米藩、三八年（元文三）但馬国幕領生野銀山、五四年（宝暦四）久留米藩、六一年（同一一）信濃国上田藩、六四年（明和元）武蔵国伝馬騒動、七一年（同八）肥前国唐津藩、八一年（天明元）上野国絹一揆、八六年（同六）備後国福山藩、八七年（同七）土佐国紙一揆、九三年（寛政五）伊予国吉田藩武左衛門一揆、九六年（同八）伊勢国津藩、九七年（同九）仙台藩、一八一一年（文化八）豊後国岡藩、一三年（同一〇）津軽藩、三四年（天保五）八戸藩、四〇年（同一一）出羽国庄内藩三方領地替反対一揆、四七年（弘化四）と五三年（嘉永六）の盛岡藩三閉伊一揆、五九年（安政六）信濃国南山一揆、六〇年（万延元）丹波国福知山藩一揆などなど、いくつも挙げられるがこれにとどめよう。上記の百姓一揆は、日本史辞典に収録されているような、百姓一揆史上重要なものばかりである。それらが訴願の目的を貫徹させているのである。百姓一揆のなかで、訴願が無視され、完全な敗北であったものを捜す方が難しいのである。百姓一揆は、基本的にはその訴願の目的を達成するものであった、と考える方が歴史的事実に合致している。もっとも近江国検地反対一揆で土川平兵衛らが処刑されたように、多くの犠牲を払ったうえでの勝利ではあったが。

富樫氏を滅ぼし、一〇〇年にわたり「百姓の持ちたる国」を維持した加賀の一向一揆、八年の間、南山城で自治を行った山城の国一揆などのような中世の諸一揆の成果にくらべると、百姓一揆の成果はそれほどはなばなしいものではない。検地を中止させたり、年貢の率を下げさせたり、専売制による流通統制政策を中止させたりといった、主に経済的な成果を得るのであって、藩を攻め滅ぼし、地域権力を樹立するものではない。それは結果として果たせなかったのではなく、もともとそのような意志を持たなかったのである。

そのことは、百姓一揆が幕藩体制の変革に寄与しなかったことを意味しない。個々の百姓一揆の成果は、百姓経営を困難におとしめる個別の政策を撤回させたにすぎないが、その蓄積が着実に幕藩体制の基盤を崩していったのである。その例が、「全藩一揆の成立と徒党禁令」の章で展開した、享保から宝暦にかけての年貢増徴政策と百姓一揆の関係である。何度も繰り返される百姓一揆によって、幕府の年貢増徴政策は完全に破綻するのである。

天下の諸民皆百姓

百姓一揆が獲得したものの二番目に、百姓自身の意識の変化について考えてみたい。前節において、百姓一揆の目標が百姓成立《なりたち》にあったことを確認してきた。百姓身分であることを強調する百姓一揆のなかで、百姓たちは百姓とは何か、という自己認識を高めていくのである。もちろん、百姓としての自己認識がすべて百姓一揆によってなされたというわけではないが、百姓一揆が百姓たちの身分意識を研ぎ澄ます重要な機会となったことは明らかである。さらに通常は意識の背景にあって現れない自己認識は、百姓一揆という極限状況のなかではっきりとその姿を現すのである。

一八五三年（嘉永六）に陸奥国盛岡藩領で起こった三閉伊一揆とよばれる一揆は、この点を考えるうえで重要である。この一揆は仙台藩へ逃散《ちょうさん》したものであるが、この逃散しようとした百姓を押し留めようとした盛岡藩の役人に対して、百姓たちは次のように主張したという。

百姓共カラ〳〵と打ち笑ひ、汝等《なんじら》百姓抔《など》と軽しめるは心得違ひなり、百姓の事を能《よ》く承れ、士農工商天下の遊民皆源平藤橘の四姓を離れず、天下の諸民皆百姓なり、其命を養ふ故に農民ばかりを百姓と云ふなり、汝等も百姓に養るなり。此道理を知らずして百姓抔と罵《ののし》るは不届者なり。（「遠野唐丹寝物語」）

この発言は二点から構成されている。第一は百姓は決して軽んじられる存在ではないこと、天下諸民の生命を養う家業に従事する貴い存在であり、その貴い家業に従事する人々への尊称が百姓であるという論理である。この百姓の家業意識を「養命の民」としての誇りの意識とよんでよいであろう。第二は天下の諸民＝百姓論である。源平藤橘から分かれたすべての有姓の人々が百姓であり、当然武士も百姓のうちであることになる。三閉伊一揆に参加した百姓は、武士たちを百姓と同等の地位に引き下げることで、平等を主張したということができよう。

百姓のなかに形成された人間平等の主張をもっとも体系的に記述したのが、一八二一年（文政四）に起こった上野国前橋藩の百姓一揆にからんで逮捕された林八右衛門の『勧農教訓録』である。彼はその著の冒頭で、「然レバ上御一人ヨリ下万民ニ至ルマデ、人ハ人ニシテ人ト云字ニハ別ツハナカルベシ」と明確に言いきっている。その根拠は「士農工商夫々《それぞれ》ノ家業アレバ、其業ヲ大切ニ守ルベシ」という点にあった。あたかも人間の体が目・

口・耳などの部分によって構成され、それが集って人間となっているのであり、それぞれの器官にはそれぞれの役割があり、どれかが大事でどれかはいらないものというようなものではないというのと同じであるというのである。天皇や将軍から百姓にいたるまで、皆同じ人間であり、それぞれ社会に有益な仕事を果たしているのであるという八右衛門の主張は、日本の民衆意識の輝かしい到達点として、非常に高く評価されてよいと考える。

百姓一揆は、幕藩体制を否定して新たな社会を構想するような運動ではなかった。しかし、新しい社会を希求する芽がまったくなかったわけではない。その点をやはり嘉永三閉伊一揆を題材にみておきたい。

国守の恵みなき故に諸事難儀致

百姓一揆は、藩の存在を前提にして、百姓成立《なりたち》を阻害する具体的政策の除去を目的とするものであることは、すでに何度か指摘したところである。これは人間にも当てはまる。苛政を具体的に執行する役人や、それに荷担して百姓を苦しめる商人や村役人に対しては激しい憎悪の念を示した。後者に対しては打ちこわしとして現れた。前者に対しては、鎮撫に出てきたその役人に対して罵詈《ばり》雑言《ぞうごん》を浴びせるというのが一般的であるが、役人を百姓のもとに引き取りたいと願う、身柄引き渡し要求が出されることもあった。百姓たちは身柄を引き取ってどうしようというのか。一八三四年（天保五）陸奥国八戸藩の一揆では、百姓たちは次のように語った。

頂戴仕候て殺し不レ申候得共、壱日玄稗三合宛喰せ、野沢村へ引取田を打せ畠を踏せ、又は生薪を取らせ、壱日三合扶持にて相働候は宜敷《よろしく》、若又《もしまた》働《はたらき》兼《かね》候はは、其時御領内御百姓共銘々軍記父子を引裂き、壱口つゝ食申度候と願出申候由（「八戸年代雑話」）

天保飢饉の最中に起こったこの百姓一揆の原因は、藩が米や雑穀を集中管理し、百姓の手元には一日一人当たり稗三合を残して、その余はすべて藩に供出させようとしたことであった。だから百姓たちは、その政策の責任者である野村軍記・武一親子に、稗三合の食料で農業を営ませて苦しみを知らせ、それに耐えきれなかった場合には、彼らの肉を食べると述べたのである。役人の肉を食いたいという激しい憎悪の表現は、この一揆以外にも存在する。

このように百姓一揆は役人には激しい憎悪の念を示すが、藩主には全面的に信服する。百姓一揆では藩主の名代として一門の重臣などが鎮撫に赴くと、平伏して恭順の意を示すのが通例である。さらに一八三一年（天保二）の長州藩一揆は、長州藩全領域に広がり、激しい打ちこわしを伴う天保期を代表する一揆であるが、その一揆終了後には百姓たちのなかから自発的に「殿様祭」が発生し、藩主の長久を願っているのである。

一八五三年（嘉永六）の盛岡藩三閉伊一揆には、藩と藩主への信頼はない。三閉伊地方の百姓たちは、四七年（弘化四）に藩の重臣遠野弥六郎の知行地遠野町に強訴していた。弘化一揆は、要求を藩に認めさせて帰村したが、藩は約束を反故《ほご》にして、再び御用金と商品流通に対する収奪を強化したのである。このような経験を積んでいたため、嘉永一揆は盛岡藩への訴願という方法をとらず、隣領の仙台藩へ逃散した。この逃散という闘争方法を選択したことが、三閉伊地域の百姓たちの現藩政への失望と拒否の意識を示している。

嘉永一揆は、藩の具体的悪政を五〇ヵ条ほど（史料によって条数が異なる）にわたって列記しその改善を求めている。その点では一般の一揆と同様である。しかしこの一揆は、そのほかに三閉伊地域の公儀領化・仙台領化あるいは現藩主を否定して前藩主を復帰させたい（大綱三ヵ条といわれる）という要求を突きつけた。それは、現藩政を全面的に否定するものであるといえる。

一揆は、仙台領での交渉の結果、大綱三ヵ条は否定されたが、五〇ヵ条ほどの要求はほとんどすべてを受け入れさせることによって解決した。しかも一人の逮捕者も出さなかったのである。しかし、一揆の頭取の一人である三浦命助は、居村で起きた村方騒動を利用した藩の圧力に堪えかねて欠落した。しばらく各地で生活した後、彼は京都二条家の家臣と称して故郷に戻って来たが逮捕され、死ぬまで盛岡の牢に放置されたのである。命助が牢中で留守宅の家族へ書き残した獄中記に次の一節がある。

ヨグヲハナレテ申上候、天ハメグナセ玉イドモ、国守ノメグミナキ故ニ、諸事ナンギ致也。ヨグヲハナレテ松前ニ御移リ被レ成候テ、御公義様ノ御人ニ相成リ、諸事安楽ニ御凌可レ被レ成候。日本ニハ公義ノウエハナキモノニテ御座候間、公義ノ御地ニ佐馬之助ノ子孫ヲ御ノゴシ可レ被レ下候。（「三浦命助獄中記」）

ここでは盛岡藩政は全面的に否定されている。そして松前という未開発地域で公儀の民としての生活こそが理想とされるにいたったのである。この公儀を現実の幕府ととらえることはできない。より理念的な中央政府のもとでの生活であった。

藩を否定した命助の思想の延長線上には、単一の中央政府に統治される日本の姿がある。しかし、それはその後に現実化する維新政府と同一視することはできない。命助は維新前に牢死しているので彼の言葉は聞けない。だが、興味深いできごとがある。嘉永一揆の頭取として命助とともに闘った田野畑村の太助（畠山姓）は、一八七三年（明治六）に盛岡の旅館で首つり自殺した。同年、田野畑村で地租改正に反対する一揆が起きた。太助はその頭取と目され盛岡に出頭させられ、一ヵ月以上にわたり拷問を伴う吟味を受けた。すでに五八歳であった太助は、この拷問に耐えることができず、自ら死を選んだのである。命助とともに理想を描いたであろう太助は、維新政府によって死に追い込まれたのである。

この嘉永一揆の百姓たちに象徴的に示されるように、近世の百姓たちは、一揆を主要な基盤として百姓身分の尊厳性を認識し、人間の平等性をも主張し、さらにナショナルなまとまりを求めていこうとしたのであり、そこに近世民衆意識の到達点をみることが可能であろう。

竹槍の一揆

中央集権化した国家のもとで百姓として生活することを命助たちは求めていた。百姓の間に維新政府に対する期待が存在したことも確かである。その期待は年貢半減の期待であったり、「土地平均」の期待であった。しかし地租改正に代表されるように、維新政府の急激な近代化政策は農民に負担をかける形で進行し、農民経営の破綻を無視して強行された。それは百姓が年貢を上納する代わりに領主は百姓の成立を保障するという仁政思想の解体である。ここに新政反対一揆といわれる一揆が出現する理由がある。

明治期の新政反対一揆は、一揆の作法という点でみると近世の百姓一揆とは大きく異なっている。その一つは、徴兵令＝血税とは生き血をとり外国人に売り渡すことである、というような流言蜚語《ひご》が一揆を形成する重要な契機となることである。流言蜚語により人々が動かされるということは、社会全体にいいようのない不安が充満していたことを現している。そしてその不安の根本的要因は、近世社会の基礎であり、百姓一揆もその上で形成されていた仁政構造の解体に求められる。

新政反対一揆は、その直接の原因としては徴兵令反対であったり、地租改正反対であったりするが、一揆全体の動向は維新政府の新政全体に敵対していた、というのが第二の特徴である。一八七三年（明治六）美作北条県血税一揆の指導者筆保卯太郎は、

近来御布令乍レ恐《おそれながら》何事ニ不依《よらず》心ニ不レ慊《あきたらず》、就中《なかんずく》、徴兵・地券・学校・屠牛・斬髪・穢多ノ呼称御廃止等ノ条件ニ至テハ、実ニ不レ奉レ服《ふくしたてまつらず》、如何ニモ御捐棄《えんき》ニ相成、従前へ復シ度（「北条県史」）

という気持ちから一揆を起こしたと述べているのである。

維新政府を否定していても、民衆は、それに変わりうる権力構想を持ち得ていなかった。筆保の「従前へ復シ度」と述べているように、徳川幕藩制への復古が求められていく。茨城県地租改正反対一揆では、一揆参加を呼びかける廻状が廻るが、そのタイトルは「徳川御用」であった。その短い言葉のなかに、徳川幕藩制への復活を読みとり、百姓たちはこ

の一揆に参加していったのである。百姓たちは、彼らが長い間生きてきた仁政構造のなかに戻ろうとしたのである。

この維新政府への敵対という意識は、一揆の得物にも変化を与えた。新政反対一揆では農具などを持ち出すことが少なくなり、鉄砲、刀、竹槍で武装したのである。そしてそれらの武器が、警官を中心とした人々に向けられたことである。茨城県一揆でも、警察官四人を殺害し、石塚において警官・旧藩士部隊との間で戦闘も展開した。もっとも、訓練されていない一揆軍は、たちまち破れて敗走しなければならなかったが。

この竹槍は、警官や役人だけでなく、被差別部落の住民にも向けられた。西日本の新政反対一揆では、一揆が被差別部落を襲撃し、住民を殺害した例がいくつも存在する。なぜ一揆は、被差別部落を襲撃したのか。この問題は、一揆を理解するうえで重要な課題であるが、おおよそ次のような論理として私は理解している。

維新政府は百姓身分を否定し、平民という新たな身分を設定した。新政反対一揆の復古を身分意識の問題でとらえれば、平民であることを拒否し、百姓身分を復活させることにほかならない。百姓たちは、百姓の身分的特権を維持しようとした。維新政府は、不完全な形ではあるが被差別部落民を解放し、百姓と同じ平民身分とした。百姓たちはこの政策を百姓の身分的特権への侵害ととらえ、被差別部落へ襲撃を展開した。

竹槍蓆旗《ちくそうせっき》という単語は、百姓一揆を象徴するものとして使われる。しかし、竹槍は百姓一揆の作法の解体過程で出現したが、それが竹の鎗、すなわち武器として使用されるのは、明治維新後であり、それは近世的秩序、ひいては百姓一揆の作法が崩壊した象徴なのである。決して一揆の得物《えもの》の特徴ではないことを強調して終わりたい。

あとがき

『編年百姓一揆史料集成』に収録されている百姓一揆関係史料を、OCR（活字をワープロなどで読みとれるテキストにする）にかけていると、一揆という文言が全くといってよいほど使われていない、ということに気がついたのは、一〇年ほど前のことであった。そのころから私は、一揆と規定されない百姓一揆と呼ばれる運動体が、いつ出現するかを明らかにしたいと考えるようになった。

それ以前から、契状、得物、出立などに見られる全国の百姓一揆共通の組織・行動様式・意識構造を、百姓一揆の作法として捉えようと考え、分析を試みてきた。この課題を明らかにするためにも、『編年百姓一揆史料集成』とそれをOCRでテキストにしたデータは、役にたった。

本書は、この二つのテーマに対する、現段階での一応の結論である。史料引用は、史料名のみを記入し、出典を明らかにしていないが、その大部分は『編年百姓一揆史料集成』からの引用であることを付記しておきたい。

執筆の依頼を受けてから、早稲田大学大学院と本務校である国士舘大学大学院で、講義をする機会を得た。この講義ノートがもとになって本書は出来た。論理としてまとまる以前の、データだらけの講義に、辛抱強くつきあってくれた院生たちに感謝したい。この講義がなかったら、ただでさえ遅筆な私は、未だ本書を書きあげられなかったであろう。

最後に、吉川弘文館の編集者に感謝したい。仕事が進まず、色好い返事が出来ない私に対して、「やっぱり進んでいませんか、ハハハ」と電話口で笑い飛ばしてくれる。その笑い声が後押ししてくれたのである。

二〇〇一年一二月

保　坂　　智

著者紹介

一九四六年、生れる

一九八一年、早稲田大学大学院博士課程満期退学

一九八六年、国士舘大学常勤講師

現在、国士舘大学文学部教授

主要著書

編年百姓一揆史料集成（補編）　百姓一揆研究文献総目録　一揆と周縁（編著）

歴史文化ライブラリー
137

百姓一揆とその作法

二〇〇二年（平成十四）三月一日　第一刷発行
二〇〇三年（平成十五）四月一日　第二刷発行

著　者　保《ほ》坂《さか》　智《さとる》

発行者　林　英　男

発行所　株式会社　吉川弘文館
東京都文京区本郷七丁目二番八号
郵便番号一一三―〇〇三三
電話〇三―三八一三―九一五一〈代表〉
振替口座〇〇一〇〇―五―二四四

印刷＝平文社　製本＝ナショナル製本
装幀＝山崎　登

歴史文化ライブラリー

1996.10

刊行のことば

現今の日本および国際社会は、さまざまな面で大変動の時代を迎えておりますが、近づきつつある二十一世紀は人類史の到達点として、物質的な繁栄のみならず文化や自然・社会環境を謳歌できる平和な社会でなければなりません。しかしながら高度成長・技術革新にともなう急激な変貌は「自己本位な刹那主義」の風潮を生みだし、先人が築いてきた歴史や文化に学ぶ余裕もなく、いまだ明るい人類の将来が展望できていないようにも見えます。このような状況を踏まえ、よりよい二十一世紀社会を築くために、人類誕生から現在に至る「人類の遺産・教訓」としてのあらゆる分野の歴史と文化を「歴史文化ライブラリー」として刊行することといたしました。

小社は、安政四年(一八五七)の創業以来、一貫して歴史学を中心とした専門出版社として書籍を刊行しつづけてまいりました。その経験を生かし、学問成果にもとづいた本叢書を刊行し社会的要請に応えて行きたいと考えております。

現代は、マスメディアが発達した高度情報化社会といわれますが、私どもはあくまでも活字を主体とした出版こそ、ものの本質を考える基礎と信じ、本叢書をとおして社会に訴えてまいりたいと思います。これから生まれでる一冊一冊が、それぞれの読者を知的冒険の旅へと誘い、希望に満ちた人類の未来を構築する糧となれば幸いです。

吉川弘文館

〈オンデマンド版〉
百姓一揆とその作法

On Demand
歴史文化ライブラリー
137

2018年（平成30）10月1日　発行

著　者　保《ほ》坂《さか》　智《さとる》
発行者　吉 川 道 郎
発行所　株式会社　吉川弘文館
〒113-0033　東京都文京区本郷7丁目2番8号
TEL　03-3813-9151〈代表〉
URL　http://www.yoshikawa-k.co.jp/

印刷・製本　大日本印刷株式会社
装　幀　清水良洋・宮崎萌美

保坂　智（1946～）

ISBN978-4-642-75537-5